on demand

6

Gianluca Mungo

Il sole e il bene

Una lettura del VI libro della Repubblica di Platone

M**E**DITORE
ELIGRANA

Gianluca Mungo
Il sole e il bene
On demand. 6

Meligrana Editore
Via della Vittoria, 14
89861 Tropea (VV) – Italy
Tel. (+ 39) 0963 600007 – (+ 39) 338 6157041
www.meligranaeditore.com
info@meligranaeditore.com

I edizione (Amazon): novembre 2015
ISBN: 9788868151706

Sono tempi oscuri.
Abbiamo bisogno di un reale 'ben-essere" ovvero di 'ben-stare'
di Bene...

Sono tempi di nuvole.
Abbiamo bisogno di luce, di spiragli,
di sole...

Il Bene è fonte di pensiero, ispirazione, chiarezza.
Il Sole è guida per l'occhio, orientamento, via...

Il Sole è il segno del mattino, l'orientamento del giorno,
il senso della giornata.
Il Bene è il segno della nostra azione, l'orientamento della vita,
il senso dell'esistenza...

PRIMA PARTE

Il Bene e la Filosofia

1. La luce e il sole nel VI libro della *Repubblica* di Platone

"Puoi ben dire che Io chiamo il sole prole del bene, generato dal Bene a propria immagine. Ciò che nel mondo intelligibile il Bene è rispetto all'intelletto e agli oggetti intelligibili, nel mondo visibile è il sole rispetto alla vista e agli oggetti visibili[1]".

Il sole è, per Platone, l'ente che, tra gli oggetti della realtà sensibile, è il più simile *(analoghon)* al Bene. Socrate definisce, anzi, il sole 'figlio' del Bene, generato dal Bene stesso a sua somiglianza e, come tale, ciò che nella realtà sensibile consente all'uomo di avere una metafora di cosa sia l'*Agathon* nel mondo intelligibile. Il sole è, infatti, per gli abitanti della terra e per la terra stessa, l'astro per eccellenza, alto, inavvicinabile eppure sempre presente, lontano dalla mano dell'uomo, ma, nel contempo, a questi familiare come solo può essere ciò che di più vicino vi sia alla vita del pianeta, essendo causa che rende possibile la stessa vita terrestre e sensibile come pure il corso del giorno, il ciclo delle stagioni, il Divenire. Il Bene, per gli oggetti intelligibili, è ciò che il sole è per quelli sensibili e, quindi, il Bene è da Platone proclamato come il fondamento dell'Essere e delle Idee. Il sole assurge, così, nel logos platonico, proprio per via del suo essere fondamento del Divenire e delle cose sensibili[2], a *metafora* del Bene stesso. L'uomo ha con l'astro solare un rapporto

---

[1] *Resp.*, VI, 508 b-c (per le citazioni del testo in greco mi rifaccio all'edizione Burnet) , trad. di F. SARTORI, in PLATONE, 1994, p. 223

[2] *"Tu dirai, penso, che il sole fornisce alla cose visibili non solo la facoltà di essere vedute, ma anche la nascita, la crescita e il nutrimento, pur non essendo esso stesso principio di nascita"* (*Resp.*, 509b, cit. Platone, 1997, p. 343)

del tutto peculiare: ne teme la troppa vicinanza – le ali di Icaro si spinsero e poi si dissolsero nel loro essere andate oltre il limite che i consigli del saggio Dedalo avevano indicato – ma è al sole, comunque, che l'essere umano rivolge costantemente lo sguardo, ricercandone sempre la luce. L'elemento caratterizzante che segnala la presenza solare è, infatti, proprio la luce tramite la quale viene reso possibile l'uso della vista, ponendo, così, in atto ciò che altrimenti rimarrebbe, nell'uomo, pura potenzialità. Platone, in particolare, ci dice che la luce è l'elemento indispensabile per poter cogliere la Bellezza del Tutto, della vita, della *physis*:

"Allo stesso modo considera anche il caso dell'anima, così come ti dico. Quando essa si fissa saldamente su ciò che è illuminato dalla verità e dall'essere, ecco che lo coglie e lo conosce, ed è evidente la sua intelligenza; quando invece si fissa su ciò che è misto di tenebra e che nasce e perisce, allora essa non ha che opinioni e s'offusca, rivolta in su e in giù, mutandole, le sue opinioni e rassomiglia a persona senza intelletto[3]."

Attraverso la luce, l'uomo vede, contempla, conosce, ma, soprattutto, il suo senso per eccellenza, la vista, viene a contatto con l'oggetto del suo conoscere. Parimenti, senza la luce intellettuale non esisterebbe l'osservazione e il moto stesso del pensiero, che porta alla riflessione e al raziocinio, non avrebbe luogo. Lì dove mancasse lo stimolo principale offerto dalla vista mediante la luce, la sensazione collasserebbe su stessa, così come l'anima, priva della luce intellettuale, sarebbe destinata ad essere come 'senza l'intelletto' e, brancolando nella confusione delle opinioni, assisterebbe al collasso della sua attività pensante. La luce è ciò che *media* tra uomo ed oggetto visibile, tra soggetto ed oggetto, tra la possibilità di vedere e la possibilità di esser visto e da' modo a che ambedue le

---

[3] *Resp.*, VI, 508 d. trad. di Sartori, cit., p. 223

possibilità possano esplicarsi, favorendo, quindi, l'incontro tra il soggetto vedente e l'oggetto veduto. Nel rapporto tra soggetto ed oggetto, la mediazione che muove l'uno verso l'altro è quindi possibile solo grazie alla presenza di una luce intellettuale che realizzi tra essi una sorta di *'koiné'*, al pari di come la luce solare permette la *koiné*[4] tra la vista ed il visibile, e che non sarebbe pensabile se la vista, in assenza della luce, rimanesse pura potenzialità fine a sé stessa, senza opportunità alcuna di potersi esprimere e, nell'impossibilità di essere dall'altra parte vista, la cosa visibile cadrebbe nell'oblio e nell'indifferenza:

> *"La presenza di due potenzialità non è ancora un'attualità. Il poter vedere dei miei occhi e il poter essere vista di una cosa non sono sufficienti, in mancanza della luce, a divenire visione. Il divenire dunque conoscenza, nel logos, dell'incontro tra conoscente e conoscibile, deve dipendere da una luce intellettuale che rende attuale la potenzialità di entrambi[5] "*

La luce intellettuale rende cosciente il 'Sé' del suo stesso corpo ovvero della sua identità poiché è attraverso e grazie a tale luce che il 'Sé' vede e percepisce il corpo che lo racchiude e che lo caratterizza. La mente percepisce, pertanto, il suo stesso corpo grazie alla luce dell'intelletto: nel buio più assoluto, chi da sempre ha il dono della vista, di fatto non potrebbe porre in atto le potenzialità del suo senso; perderebbe, a poco a poco, la percezione di se stesso e i confini corporali apparirebbero come dileguarsi inesorabilmente nelle tenebre più illimitate. La luce del sole realizza una evidente *koiné* tra vedente e realtà visibile

---

[4] *"Si tratta di capire dove la percezione si realizzi come koiné di ciò che è visto e di ciò che vede – di ciò che è percepito e di chi percepisce – in un unico vedere ed essere veduto – percepire ed essere percepito. È, questo dove, un soggetto – un io – o si trova fuori di ogni soggettività?"* (R. ROMANI, 2005, p. 78)
[5] R. ROMANI, cit., p. 80

anche perché rende possibile la percezione delle de-limitazioni, dei contorni di un corpo e, quindi, dei suoi mezzi, soddisfacendo la necessità di avere un luogo ben definito in cui potersi orientare. All'uomo non è dato un incontro 'immediato' col Sapere: all'uomo è possibile solo la ricerca ovvero la continua mediazione tra l'essere vedente e il ciò che aspetta di esser visto ed è così che, mediante la luce che proviene dal sole, l'uomo giunge alla contemplazione della Bellezza della *physis* dove il Bello rinvia al Buono, come il sole rinvia ad un *'oltre'*. Platone puntualizza che il sole non è la luce, ma offre la luminosità necessaria per poter vedere e cogliere quindi il Bello. Parimenti, il Bene non è identificabile con la conoscenza, ma è ciò che offre la conoscenza, la causa della scienza e della verità, ciò che orienta ed indica la mèta all'anima. Nel buio più fosco, l'anima diventa confusa, preda del correre fluttuante delle opinioni cui uno stato di assenza di chiarezza può indurre, ragion per cui la *psychè* è, in fondo, al pari dell'occhio, spinta a ricercare *naturalmente* il proprio sole e da quanto essa profondamente ricerca dipende il suo stesso *senso* d'essere. La scienza è possibile solo se v'è una verità da scoprire, immutata ed immobile, che aspetta di essere colta grazie all'ausilio di una mediazione che la rischiari e la renda dunque accessibile. Il passo platonico che conclude un simile discorso, attorno al quale il ragionamento ruota, identifica il Bene come la causa di tutto ciò che è conoscibile in quanto vero. La luce assurge a ruolo di mezzo esterno ed obiettivo per giungere alla conoscenza e rendere, così, chiaro il fenomeno della visibilità. Trascendendo, inoltre, i due poli della dialettica tra vedente e veduto, la luce rivela la propria provenienza diretta dal sole, l'astro, appunto, per eccellenza, separato dal piano terrestre ed indipendente da esso. Platone afferma, inoltre, che la corrente delle opinioni finisce col trascinare l'anima, la quale cade nell'oscurità come simile a "persona senza intelletto[6]" ovvero mente senza una guida e dunque pura potenzialità inespressa. Il Bene, invece, conferisce verità agli oggetti veduti e a chi conosce da' la facoltà di conoscere:

"Questo elemento che agli oggetti conosciuti conferisce la verità e a chi conosce dà la facoltà di conoscere, di' pure che è l'idea del bene; e devi pensarla causa della scienza e della verità, in quanto conosciute. Ma per belle che siano ambedue, conoscenza e verità, avrai ragione se riterrai che diverso e ancora più bello di loro sia quell'elemento. E come in quell'altro ambito è giusto giudicare simili al sole la luce e la vista, ma non ritenerle il sole, così anche in questo è giusto giudicare simili al bene ambedue questi valori, la scienza e la verità, ma non ritenere il bene l'una o l'altra delle due. La condizione del bene dev'essere tenuta in pregio anche maggiore[7]".

Se è il sole la causa della luce, della possibilità di vedere e dell'esser visto ed è anche causa dell'esistenza stessa e, quindi, di tutto ciò che, a livello sensibile, può esser percepito, in modo analogo, grazie al Bene, gli oggetti conoscibili:

"Non solo ricevono dal bene la proprietà di essere conosciuti, ma ne ottengono ancora l'esistenza e l'essenza, anche se il bene non è essenza, ma qualcosa che per dignità e potenza trascende l'essenza[8]".

Il principio che vuole che il Bene sia causa di verità e di conoscenza impone che esso sia e rimanga, comunque, totalmente indipendente dal resto e talmente indipendente da non poter essere identificato né con la Verità né con il Sapere. Il Bene pone un autentico 'Dovere' all'anima e, profilandosi, come alcuni lettori quali Natorp[9] hanno notato, sul piano del 'dover essere', segna un chiaro

---

[6] καὶ ἔοικεν αὖ νοῦν οὐκ ἔχοντι (*Resp.,* VI 508 d)
[7] *Resp.,* VI, 508 e – 509 a, trad. di F. SARTORI, cit., pp. 223-224
[8] *Resp.,* VI, 509 b, trad. di F. SARTORI, cit., p. 224
[9] NATORP, 1999, *Dottrina platonica delle idee,* p. 244

'oltrepassamento dell'Essere'. Il Bene non è, però, un mero principio etico: esso è anche un principio teoretico, il più elevato e basilare che possa esserci, vero fondamento dell'Essere al pari di come il sole è nutrimento ed origine di tutto ciò che è posto sotto la sua luce, pur non essendo identificabile con nessuna delle funzioni che sono insite in un ente. Ciò che permette l'esistenza delle cose s'identifica con ciò che ne consente la conoscibilità, restando, però, sempre causa separata. Nel momento in cui definiamo il Bene come 'fondamento dell'Essere', attribuiamo ad esso il ruolo di ciò che dà *senso* al conoscere, essendo, in primis, fonte di luce e di *orientamento* per l'Intelletto, principio che non indica sommariamente ciò che si deve conoscere, bensì ciò che è *bene* sapere e, soprattutto, diviene, col tempo, ciò che costituisce la risposta alla domanda sul *'perché'* conoscere. Occorre soffermarsi sul punto che vede il Bene come Idea *separata* dall'ambito materiale, ma anche come fonte di *chiarimento* che esplica la sua più peculiare funzione di orientamento. Il guardare al sole come ad un'immagine e al Bene come ad un'Idea, anzi all'Idea per eccellenza, fa sì che l'uno sia stretta immagine dell'altro, in un discorso che diviene sempre più simile alla forma di una linea, singola ed infinita, che incontra quattro divisioni concettuali che è l'uomo stesso a fare per delinearsi una via, un percorso unitario e graduale che, partendo dal Sensibile giunge all'Intelligibile. *'Metodos'* in greco significa 'via' e la via della conoscenza per l'uomo è segnata da quattro fondamentali tappe, le quali, prese nel loro insieme, racchiudono l'intera pienezza dell'essere umano. Se leggiamo con una certa attenzione il celebre passo della linea, ci accorgiamo che, muovendo dalle immagini, l'uomo inizialmente pare fantasticare su di esse per poi passare a costruirvi dei primi originari pensieri: primitive teorie e autentiche credenze racchiuse in un universo profondo quanto solo la sua mente può riuscire ad essere e che costituisce lo stesso orizzonte sensibile. È, però, attraverso l'uso del dubbio, delle ipotesi, che l'uomo è indotto a cercare un'ulteriore chiarezza che sorpassi il limite segnato dall'orizzonte sensibile e l'*ipotesi* è dunque segno dell'esistenza di una 'Dianoia', di una ragione matematica, di un calcolo che è *"punto di appoggio e di slancio per arrivare a ciò che è immune da ipotesi, al principio del tutto*[10]*"*. La seconda parte della linea racchiude, così, la fase intelligibile del percorso che vede la propria estremità proprio nell'Intelletto ovvero quel punto preciso della linea che tocca il piano del Bene. Partita dalla terra, la linea giunge a lambire il cielo: muovendo i passi da un piano terreno, l'uomo giunge alla partecipazione teoretica dell'Intelligibile e del Bene. La linea, divisa in due e poi in quattro, è la personificazione geometrica della partecipazione dell'uomo di due piani diversi che sono a fondamento di un'unica realtà. L'uomo si presenta come partecipe dei due mondi, del Sensibile e dell'Intelligibile, e il suo è un *logos* che si esplica nel binomio del parlare/pensare ovvero pensiero che si avvale di rappresentazioni sensibili come solo le immagini e le parole possono essere e la linea, la quale, partendo dal piano del Sensibile per giungere a quello dell'Intelligibile, segna il *metodos*, appunto la via, è all'uomo data per poter congiungere le due dimensioni, seguendo quello che è un solo ed unico tragitto. Unendo i quattro segmenti, abbiamo, così, ottenuto una linea unica lungo la quale si uniscono il Sensibile e l'Intelligibile, l'uno come metafora del secondo, il sole come metafora del Bene.

2. L'Idea della Bellezza

"Straordinaria deve essere – rispose –. La bellezza che gli attribuisci, se è il bene a conferire scienza e verità e se le supera in

---

[10] PLATONE, *Resp.*, libro VI, 511 b, trad. di F. SARTORI, cit., p. 226

bellezza, perché dicendo 'bene' non intendi certo riferirti al piacere[11].
"

È lo stesso interlocutore di Socrate ad arrivare ad associare, in via conclusiva, la Bellezza al Bene e ad affermare che debba essere considerata come 'straordinaria' una bellezza da attribuire ad un'Idea che conferisce scienza e verità e che non è da identificarsi con il piacere. Poco prima, Socrate aveva definito "belle" la conoscenza e la verità, ma ancor più *bello* viene da Platone detto quell'elemento che è causa di ambedue le cose. Il personaggio che ascolta Socrate coglie, così, che la bellezza del Bene è davvero tanto *straordinaria (amechanon)* da non poter essere riferita al piacere. Socrate risponderà al proprio ascoltatore con un invito a tacere per concentrarsi interamente sull'immagine di un ciò che conferisce l'esistenza e l'essenza alle cose unitamente alla possibilità d'esser conosciute. Il piacere non è il Bene e non è, di per sé, la strada che può portare necessariamente al Bene.

Chi ascolta trova naturale che Socrate non si stia riferendo al Bene come ad un piacere: è inequivocabile che l'avere, il possedere, un bene sia fonte di piacere, ma il Bene di cui si sta parlando non è una forma di bene materiale e quindi non è piacere. Per quanto il piacere possa, infine, essere una molla che muove l'uomo verso qualcosa, l'amore per il Sapere non è mero piacere materiale, ma anelito della *psyché* stessa verso un qualcosa che la trascende. Bisogna, dunque, concentrarsi sull'immagine del Sole/Bene e distaccarsi dal luogo comune secondo il quale "bene è uguale a piacere" per poter avere chiaro che la linea che unisce il Bene alla *psyché* abbia natura diversa dal possesso immediato di una semplice materialità che dia piacere. *"Un"* bene può esser posseduto, il *Bene in sé* è e resta separato da tutto, ma la

---

[11]*Resp.*, VI, 509 a, trad. di F. SARTORI, cit., p. 224

Bellezza interviene, tuttavia, per elevare l'anima al Bello ed al Bene stesso che trascende ogni cosa. Perché mai, infatti, domanderà, ad un certo punto, Socrate al proprio interlocutore contemplare *cose brutte, cieche e storte quando ti è possibile sentirne da altri di splendide e di belle[12]*? Il Bene è un punto troppo alto da poter contemplare direttamente, contando sul solo slancio umano, ma l'astro solare, simile, con la sua altezza e la sua bellezza, al Bene, diviene fonte di ispirazione per la mente dell'uomo. Le opinioni non sorrette da scienza sono 'brutte' e di esse "*le migliori sono cieche[13]*", la Bellezza induce l'uomo a voler contemplare gli orizzonti della *physis* e con essi tutto ciò che lega una manifestazione ad una verità. Il filosofare vuole, così, indagare la relazione tra il Bene e le cose buone poiché un bene materiale può diventare anche fonte di malessere se è vero che pure coloro che definiscono il bene come piacere sono costretti, prima o dopo, ad ammettere che esistono 'piaceri cattivi[14]' e a dover riconoscere che "*le identiche cose sono buone e cattive[15]*". La vera bellezza stimola, invece, ad avvicinarsi al Bene per eccellenza e, pertanto, è moto di conoscenza poiché il conoscere è caratteristica dell'*Eros*, il semidio che, nella consapevolezza di essere una divinità in mezzo a due nature, l'umana e la divina, si manifesta come anelito dell'uomo verso il Divino, desiderio di quell'*omoiosis theò* che identifica il filosofo. *Eros* è, più precisamente, quel dio che sa di non essere e di non avere e, pertanto, ricerca, desidera, ama. È un demone vestito di stracci, non avverte su di sé la bellezza e quindi la ricerca profondamente, sa di non sapere e dunque ama e si rivolge al Sapere.

La partecipazione della bellezza giunge per avvicinare l'uomo al dio e per colmare la distanza, il vuoto, tra il

---

[12] *Resp.*, 506 d, in Platone, cit., 1994, p. 221
[13] *Resp.*, 506 c, cit.,, p. 221
[14] *Resp.*, 505 e, p. 220
[15] Ibidem

Non essere e l'Essere. *Eros* è tale partecipazione e Platone, in fondo, ci dice che l'uomo ha appunto bisogno di una certa *mediazione*, di una gradualità, per ergersi dai suoi stessi limiti. La luce rende gradualmente visibili gli enti sensibili che possono, così, essere colti, dando all'uomo la possibilità di vederli. Similmente, la luce intellettuale *attua* la potenzialità del conoscere e dell'esser conosciuto. Il Bello si manifesta grazie alla luce del sole e il suo esser colto è possibile proprio grazie al sole che, anche in questo, è metafora del Bene. Al Bene appartiene, dunque, la bellezza, una 'straordinaria bellezza' e se si sente spesso dire che una *tale* cosa è buona e bella, che è bene compiere una determinata azione invece di un'altra, è Platone stesso a farci notare:

"Credi che ci sia vantaggio a possedere una qualunque cosa se non è buona? O intendete tutto ad eccezione del bene senza intendere per nulla il bello e il bene[16]*?"*

E ancora:

"Mentre rimproverano (= i più) *di non conoscere il bene ce ne parlano come se lo conoscessimo? Dichiarano che è intelligenza del bene come se noi comprendessimo ciò che intendono dire quando pronunciano il nome del 'bene"*[17]*"*

Il monito è chiaro: parliamo, dunque, troppo spesso di "bene" senza mai interrogarci su cosa sia il Bene in sé e se: *"per i più il bene è piacere, ma per i raffinati è intelligenza*[18]*"*, il Bene non è, in realtà, identificabile né con l'uno né con l'altra, essendo ciò che conferisce dignità ad ambo le cose e, come tale, ente superiore e separato da esse. Socrate invita sempre a concentrarsi unicamente sull'immagine del

---

[16] *Resp.,* VI, 505 b, trad. di F. SARTORI, cit., p. 219
[17] *Resp.,* VI, 505 c. trad. di F. SARTORI, cit., p. 220
[18] *Resp.*, 505 b, trad. di F. SARTORI, cit., p. 220

sole proprio perché il sole è alto e separato, ma anche per la caratteristica della sua stessa bellezza e della luce che emana e che illumina tutto e rende tutto possibile. Il Bene è il genitore diretto del sole e comunica conoscenza e bellezza, attraendo a sé le cose tramite quell'*Eros* che, come Stenzel scrive, è "aspirazione, desiderio di qualcosa, orientamento[19]". Nella *Repubblica*, torna, così, il discorso sul Bello/Bene che riecheggia anche in altri dialoghi:

> *'Il Bene è esplicitamente sottentrato al Bello; e ora egli (=*
> Socrate) *sa la risposta: per diventar felice, eudaimon. I felici sono dunque felici per l'acquisto del Bene, riassume Diotima, ed aggiunge: domandare ancora perché qualcuno voglia esser felice, non ha senso; qui abbiamo dunque raggiunto un termine, una mèta (telos). La felicità, il bene per se stesso ricercato, è l'estremo movente, o viceversa il primo, la prima «cosa cara» come suona con più ampio ragionamento nel piccolo dialogo del Liside (219 d)[20]"*

Nella dimensione dell'Eros trova posto la stessa filosofia che è "amore per il Sapere" e il Sapere è, come riconoscerà poi pure Aristotele, tra le 'cose più belle[21]'. Non è quindi casuale che il VI libro della *Repubblica*, oltre ad essere il libro della 'Scienza del Bene', sia anche il testo che più di tutti rispecchia una sorta di *manifesto platonico* della Filosofia, le pagine dove troviamo ampiamente gli interrogativi sul senso del filosofare, sul ruolo del filosofo e su chi sia il filosofo. Platone, quasi rispondendo direttamente ai detrattori della filosofia spiega, in questo modo, il legame che unisce la filosofia alla scienza del Bene:

> *"Che cosa potranno obiettare? Che i filosofi non amino 'ciò che è' e la verità?*

---

[19] Stenzel, 1966, p. 214
[20] Ibidem, p. 216
[21] *De anima,* 402 a.

Sarebbe assurdo, disse
E che la loro natura, da noi descritta, non sia familiare del sommo Bene?
Nemmeno questo
Ancora: che questa natura, quando avrà trovato le forme di vita che le sono adatte, non sarà perfettamente buona e amante del sapere quant'altra mai? O diranno che tali doti avrebbero avuto in grado maggiore quelli che abbiamo escluso?
No certamente[22]."

La linea congiunge sequenze di un percorso che, muovendo da immagini ed opinioni, giunge ad ipotesi e a ragionamenti e questo è appunto il filosofare, movimento *erotico* dell'anima verso la verità, espressione di una natura che 'abita' nella casa del Bene e che, quando trova una forma di vita ad essa adatta, rivela la propria indole di essere 'amante' del Bene e del Sapere.

3. La natura del filosofo

Il VI libro della *Repubblica*, dunque, non è solo il libro della 'Scienza del Bene', è anche il *libro della Filosofia*, il libro che lega l'essenza stessa del filosofare all'Idea del Bene e, grazie ad un simile e rinnovato legame, Platone ridona alla filosofia quel significato che tante discussioni sofistiche sembravano avere tolto fino a svuotare il filosofare del senso che esso aveva sin dalle sue origini e che aveva portato l'uomo, quale particolare essere tendente ad approfondire le proprie connaturate capacità di pensare, ad essere un amante del sapere e, come tale, sempre dedito alla ricerca del Vero. Negando la verità, i sofisti avevano, di fatto, negato anche la filosofia stessa. Quella particolare luce che rende conoscibile ciò che può essere conosciuto e sapiente chi può conoscere non poteva che in Platone tornare nelle vesti di facoltà

---

[22] *Resp.*, VI, 501 d-e, trad. di F. SARTORI, cit., p. 216

intellettuale atta a rendere, appunto, *possibile* la filosofia. Socrate chiede ai suoi astanti di non rivolgere troppe attenzioni alla moltitudine e alla varietà dei beni e delle cose belle, alle 'smicrologie', ma di concentrarsi, piuttosto, sull'immagine del Sole che è metafora non di 'un' bene, bensì del Bene. Talete, guardando le stelle, era caduto nel pozzo e, parimenti, *coloro che hanno lo sguardo rivolto in alto*[23] vengono, nell'immagine della nave, ridicolizzati eppure sono proprio costoro i filosofi che guardano *oltre* il contingente e l'immediato e che possono indicare la via da percorrere per poter contemplare l'origine della luce. La visione del filosofo che appare goffo al resto della comunità[24], ma che, di fatto, è tale proprio per via di un'indole superiore e distaccata dagli interessi che quotidianamente caratterizzano la vita della massa costituisce un autentico 'topos' nel panorama della filosofia platonica. Anche nel *Teeteto*, per esempio, troviamo una riflessione simile e, per molti aspetti, 'sorella':

"Quelli che sono veramente filosofi fin da giovani non conoscono la strada che porta alla piazza, né dove si trova il tribunale, la sede del consiglio o altra sede di riunioni pubbliche. [...] Se uno in città ha origini nobili o meno, se uno ha qualche ombra come nascita da parte dei progenitori, sia del padre come della madre, sono cose che a lui, filosofo, sfuggono di più di quelli che siano i bicchieri d'acqua che, si dice, si trovano nel mare. [...] Egli si lascia portare, secondo il dett di Pindaro, ovunque, fino «alle profondità delle terra» e ne misura le superfici: ora, invece, «in alto nel cielo» a scoprire le leggi del firmamento. Quando un simile uomo, in private o in pubblico,

---

[23] οὐχ ἡγῇ ἂν τῷ ὄντι μετεωροσκόπον τε καὶ ἀδολέσχην καὶ ἄχρηστόν σφισι καλεῖσθαι ὑπὸ τῶν ἐν ταῖς οὕτω κατεσκευασμέναις ναυσὶ πλωτήρων (*Resp.*, VI, 488 e – 489 a)

[24] *"Percorrere la via della vera filosofia, come ha evidenziato Paul Ricoeur, significa anche esporsi all'insuccesso del piano della vita. Ma, pur di conquistare la libertà, il vero filosofo cerca sempre di tenere gli occhi rivolti al cielo e non teme di correre il rischio di finire, come Talete, in un pozzo."* (N. Ordine, 2013, p. 68)

s'imbatte in qualcuno [...] ed è costretto a parlare di quel che ha tra i piedi o sotto gli occhi, offre materia di riso non solo delle schiave di Tracia, ma anche del resto della gente[25]."

Nella *Repubblica*, i filosofi, proprio perché 'guardano in alto', sono gli unici a poter salvare la comunità come sono gli unici, sulla nave, ad invitare il resto dell'equipaggio a non dimenarsi in faccende frivole e di poco conto, ma a concentrarsi sull'osservazione delle disposizioni degli astri, delle direzioni dei venti, del ciclo delle stagioni. Non è la bravura a *parlare* e a prendere il potere a poter dare la salvezza alla nave: la soluzione viene, infatti, più dalla viva osservazione del cielo che non dallo stare spasmodicamente attenti a quel che sul ponte della nave accade. Osservare il cielo, in filosofia, significa anche guardare all'elevatezza del concetto, alla separatezza di ciò che trascende ed è origine e verità, alla *via* da seguire per approdare ad una mèta. Nel VI libro della *Repubblica*, quando Socrate parla dei filosofi, tratta, soprattutto e strettamente, di 'nature filosofiche': non ci sono, in queste pagine, singoli filosofi che hanno, nella storia della filosofia, un nome ben preciso cui bisogna ispirarsi; ci sono, semmai, 'nature filosofiche' che hanno reso possibili i filosofi e la natura filosofica è un'indole dalle caratteristiche ben precise:

"esse amano sempre una disciplina che sveli loro un po' di quell'essenza che perennemente è e che non subisce le vicissitudini della generazione e della corruzione. [...] E l'amano tutta. E che volontariamente non rinunciano a una sua parte, né piccola né grande, né più né meno preziosa, come abbiamo detto prima parlando delle persone ambiziose di onori e dotate di natura erotica[26]."

---

[25] *Teeteto*, 173 c- 174 a, mi son basato sia sulle trad, di G. Giardini (p. 439) che di C. Mazzarelli in Platone, 2000, *Tutti gli scritti*, pp. 222-223
[26] *Resp.*, VI, 485 b, trad. di Sartori, cit., p. 198

In queste parole notiamo, soprattutto, un forte afflato 'erotico': Platone torna a dirci che è l'*eros* ciò che più di ogni altra cosa caratterizza una *natura filosofica*, la quale ama ciò che 'svela' l'essenza eterna ed incorruttibile, ama la verità e l'ama *'tutta quanta'*, in ogni sua piccola parte, sia essa la più che la meno preziosa. Chi possiede una natura filosofica è portato ad assumere la sincerità in ogni momento ed ambito della propria vita e questa è la seconda dote che un filosofo deve avere:

"La sincerità: non accogliere mai volontariamente il falso, ma odiarlo e amare la verità[27] "

Quel che Sartori traduce con 'sincerità', nel testo greco compare nel termine 'ἀψεύδεια', la 'non falsità', l'incapacità di mentire, quasi come a suggerire che il filosofo, ancora prima che avere assunto la sincerità come etica e condotta di vita, abbia, in realtà, di fondo, una innata *incapacità* a mentire, non abbia ovvero alcuna attitudine alla menzogna poiché è appunto la sua particolare natura ad indurlo a non averla e a ricercare sempre il sapere e la verità. Socrate dice anche che non c'è cosa più propria della sapienza di quanto non sia la verità[28] e l'amore a volere e a ricercare sempre il Vero si manifesta sin dalla fanciullezza:

"E allora chi realmente ama apprendere deve, fino da fanciullo, desiderare più che può tutta la verità[29] "

Un simile giovane manifesterà le sue inclinazioni con un costante interesse rivolto agli studi che non alle faccende della vita quotidiana, interesse che i più giudicheranno malsano poiché sembra allontanare l'uomo dalla vita della

---

[27] *Resp.*, VI, 484 c, trad. d Sartori, cit., p. 198

[28] Ἦ οὖν οἰκειότερον σοφίᾳ τι ἀληθείας ἂν εὕροις; (*Resp.*, VI 485 c)

[29] *Resp.*, VI 485 d, trad. di F. SARTORI, cit., p. 198

polis e dagli affari più concreti e, rendendo il cittadino *inutile ed inadatto*, tende a fargli trascurare la dimensione del corpo. Sono, in realtà, queste stesse inclinazioni le vere caratteristiche del filosofo e, più precisamente, non di colui che gioca a fare il filosofo, ma di chi effettivamente lo è:

"Ora, in quella persona in cui i desiderio sono rivolti agli studi e a ogni attività simile, essi riguarderanno, credo, il piacere dell'anima per se stessa e trascureranno i piaceri del corpo; questo beninteso, se uno non si limiti a pretendere di essere filosofo, ma lo sia veramente. Un simile individuo sarà temperante e assolutamente distaccato dai beni materiali, perché quei motivi che fanno ricercare con tanto impegno questi beni, con lo sperpero che li accompagna, rendono la ricerca adatta a chiunque altro più che a lui[30]."

La dichiarazione appena letta non può che avere, per la coscienza, degli effetti molto forti ed incisivi ed appare infatti, sin da subito, come una posizione radicale, ma anche molto chiara: non tutti possono essere e dirsi filosofi e la filosofia, malgrado il suo aprirsi all'*agorà*, non è per tutti. Chi 'gioca' a fare il filosofo e cerca di dare a credere che lo sia si riconosce subito per la sua abilità a maneggiare le parole, ad impuntarsi su particolari, dettagli e *piccinerie* varie e qui Platone usa una parola ben congegnata e studiata: 'smicrologhia'.

4. L'illibertà e la smicrologhia

La natura filosofica non va, secondo Platone, confusa con chi intende apparire 'profondo' e 'filosofico' grazie ad un bel parlare e ad una mente arguta e specializzata nel cogliere gli aspetti più minuscoli del discorso. V'è così un passo della *Repubblica* dove compaiono due termini su cui occorre soffermarsi a riflettere e che Platone usa quasi

---

[30] *Resp.*, VI, 485 d-e, trad. di F. SARTORI, cit., p. 199

come se fossero sinonimi: "smicrologhia" ed "aneleutheria":

"Che essa non celi dentro di sé la meschinità (= aneleutheria nel testo), perché è quanto di più contrario possa esistere a un'anima che vuole tendere assiduamente all'interezza e alla totalità del mondo divino ed umano[31]"

Nella traduzione che abbiamo ora letto i termini 'aneleutheria' e 'smicrologhia' vengono usati come se fossero, appunto, sinonimi e tradotti entrambi con 'meschinità'. Sartori preferisce rendere invece così il passo:

"Che, a tua insaputa, non abbia in sé bassezza. Ciò che più ostacola un'anima che deve agognare sempre all'intero e al tutto, divino come umano, è la piccineria[32]."

La *smicrologhia* può essere tradotta in modo generico come 'puntigliosità'; in modo più preciso come 'l'attenzione verso i dettagli'. L'*aneleutheria* è, invece, non tanto una semplice mancanza di libertà, quanto l'idea di una 'libertà spezzata', bruscamente interrotta e bloccata in una situazione di stallo. Platone usa i due termini come complementari, quasi che la *smicrologhia* sia la strada che conduce all'*aneleutheri*a che, in questo caso, forse nessun termine, per tradurre correttamente, rende l'idea come quello di "*illibertà*", concetto che sta ad indicare più uno stato mentale che non fisico. Lidell e Scott[33] traducono il termine *aneleutheria*[34] con "*illiberty of mind*": l'*aneleutheria* è davvero, infatti, l'*illibertà* della mente, ciò che, come prima si diceva, "spezza" la libertà mentale, la libertà ovvero

---

[31] *Resp.*, VI, 486 a, trad. di G. Giardini, in Platone, 1997, p. 302.
[32] Cit., p., 199
[33] H.G. Liddel e R. Scott, 1996, *Greek-English Lexicon*
[34] Platone, *Resp.* 486a

che, per sua natura, sarebbe propria della mente, la quale finisce, così, con l'essere letteralmente bloccata nelle proprie attività più umane sino a divenire irrigidita su quella stessa *smicrologhia* di cui i sofisti sono i veri maestri e fautori. La kafkiana *smicrologhia* succhia energie come il più provetto vampiro, riduce l'anima schiava di meccanicismi e di assurde burocrazie e cavillosità varie fino a rendere distanti tra di essi l'individuo e la società della quale il primo finisce col sentirsi vittima piuttosto che parte. La *smicrologhia* segna il primo blocco mentale della libertà del pensiero. Da una libertà bloccata, da una *illibertà*, e da un'attenzione verso le minuzie ha origine la tendenza alla *doxa* e all'ignoranza invece della vocazione all'essenza.

5. Dalla natura filosofica alla genesi del male

Niente, dunque, come la *smicrologhia* ostacola un'anima che dovrebbe e che potrebbe agognare al Tutto nella sua interezza, al Divino come all'Umano, per indurla a fissarsi su particolari minuscoli e, di fatto, insignificanti. Un'anima filosofica dev'essere, però, accompagnata anche da altre precise caratteristiche: non deve temere la morte poiché la morte non è il peggiore dei mali e, soprattutto, non deve dimostrare un attaccamento spasmodico alla vita materiale e ad una cura prioritaria del corpo che potrebbe renderla vile e meschina. Il distacco dai beni materiali non deve, per Platone, significare necessariamente una mortificazione della carne e una negazione delle amenità della vita: un dialogo come il *Simposio* è ambientato nel corso di un festoso banchetto, così come lo stesso inizio della *Repubblica* esprime una grande serenità di vivere e gioiosa è anche la cornice di dialoghi come il *Fedro*, il *Liside* o lo *Ione*. Quando Platone parla di 'distacco dalla vita', vuole, più specificatamente, intendere un distacco da quelle viltà e da quelle meschinità che hanno luogo quando vi è un morboso attaccamento agli aspetti materiali del vivere[35]. Per Platone, al filosofo non importa il dover primeggiare ad ogni costo tra glorie e successi, essendo la sua mente troppo rivolta al Trascendentale ed al Tutto, al ciò che per antonomasia è "separato" dalla vita materiale. Il filosofo, però, malgrado un simile distacco non è comunque un essere chiuso e *selvatico*: sin dalla prima giovinezza si può osservare di come egli abbia un'anima "giusta e mite" e non "insocievole e selvatica[36]". Il filosofo guarda, infatti, all'interezza della vita e la vita rivela il lato più profondo proprio tramite la sua stessa interezza che induce a mirare al Tutto e non ad una sola parte di esso.

Non ultimo, a caratterizzare il filosofo è la sua stessa attitudine ad apprendere e il provare un certo piacere nel farlo:

> *"Se sia o no pronta ad apprendere. Ti aspetti che uno potrebbe mai amare abbastanza una cosa quando, facendola, sentisse dolore nella sua azione e concludesse poco e con fatica[37]?"*

Grande sarà dunque la sua memoria[38], qualità indispensabile che agevola, mantiene e supporta l'apprendimento e, assieme alla memoria, il filosofo è un uomo dotato del senso della misura, del *metro*, della proporzione e per il quale il pitagorico *'Nulla di troppo'* riveste un importante significato:

> *"Cerchiamo allora un'anima che per sua natura, oltre alle altre doti, sappia pensare secondo misura e grazia: dalla sua naturale*

---

[35] *"E chi è ben regolato, distaccato dai beni materiali, senza meschinità, impostura e viltà, potrà mai diventare intrattabile e ingiusto? – Impossibile, rispose"* (Resp., 486 b, Platone, 1994, cit., p. 199)

[36] *"Quando dunque esamini l'anima filosofica e non filosofica, esaminerai attentamente, fino dalla prima giovinezza del soggetto, se l'anima sia giusta e mite o insocievole e selvatica"*(Resp., 486 b, in Platone, 1994, cit., pag 199)

[37] *Resp.*, VI, 486 c, trad. di Sartori, cit., p. 199

[38] *"Allora non inseriamo un'anima smemorata tra quelle pienamente filosofiche, ma cerchiamo che abbia memoria tenace"* (Resp., VI, 486 d, cit., pp. 199-200)

proprietà potrà essere facilmente guidata all'idea di ciascuna cosa che è[39] "

È a questo punto che, puntuale, giunge l'obiezione che nella *Repubblica* viene messa in bocca ad Adimanto:

"Uno potrebbe dire che, a parole, non ha obiezioni da fare alle tue singole domande. Ma che constata di fatto che tutti coloro che si sono accostati alla filosofia e non se ne allontanano dopo averla praticata da giovani a scopo di cultura, ma che vi dedicano maggiore tempo diventano per lo più molto stravaganti, per non dire dei mariuoli; e invece per coloro che sembrano i più onesti, l'unico risultato di quella professione che tu lodi è di essere inutili agli stati[40] "

Le frasi che abbiamo appena letto suonano come le tipiche obiezioni che costantemente vengono enunciate ed alle quali non sempre è facile dare una risposta. In esse, però, troviamo anche quell'assillante interrogativo che è proprio di ciascuno che studi e che ami la filosofia: il filosofare ha veramente *senso?* La prima parte dell'obiezione di Adimanto punta ad interrogare Socrate se la filosofia abbia davvero un ruolo e, in particolare, se vi sia effettivamente un ruolo del filosofo nella società. Adimanto desidera davvero una risposta ad un quesito che induce fortemente a dubitare se la filosofia non arrivi, addirittura, a fare del male al giovane piuttosto che avvicinarlo al Bene. L'intera *Repubblica* può essere letta alla luce di un simile interrogativo e il discorso platonico pare, anzi, voler ruotare proprio attorno ad un simile dubbio. È interessante, inoltre, notare come Platone affronti la questione anche in altri dialoghi, che, nel loro insieme, offrono testimonianza di come egli abbia, nell'arco della sua vita, sempre concentrato diverse delle sue più importanti riflessioni su un simile tema.

---

[39] *Resp.*, VI, 486 d, trad. di Sartori, cit., p. 200
[40] *Resp.*, VI, 487 c-d , trad. di Sartori, cit., pp. 200 -201

Nel *Protagora*, per esempio, leggiamo:

"La maggior parte della gente, infatti, ha sulla conoscenza press' a poco quest'opinione: che essa non abbia forza né autorità, né capacità di comando. E non pensano ad essa come a una cosa che abbia queste caratteristiche, ma credono invece che, benché la conoscenza sia spesso presente nell'uomo, non sia essa a comandarlo ma qualcos'altro: talora la rabbia, tal altra il piacere, tal altra ancora il dolore, qualche volta l'amore, spesso la paura; insomma, considerano la conoscenza una sorta di schiava tirata in giro da tutte le altre passioni[41] "

Così come, nel *Gorgia*, Callicle, senza esitare, chiaramente esclama:

"Quando vedo un uomo già avanti negli anni che ancora coltivi la filosofia e non sappia separarsene, mi sembra, o Socrate, che costui abbia bisogno di essere preso a botte[42] "

Nella *Repubblica*, la risposta a simili obiezioni è contenuta in una considerazione breve quanto intensa:

"È tanto difficile la condizione in cui i più onesti si trovano rispetto agli stati che non esiste cosa alcuna che si trovi in tale condizione[43] "

La filosofia – ci dice Socrate – non trova terreno fertile presso le Costituzioni e gli Stati, così come non trovano vita facile i *"meteoroskopoi"* che si muovono sul ponte della nave. Le *nature filosofiche* sono scomode e spesso irritanti, al pari di come risultano essere gli stessi *meteoroskopoi* al resto dell'equipaggio, specie quando indicano di "guardare in alto". Vegetti definisce 'scandalo della *Repubblica*[44]' il

---

[41] Platone, 1997, *Protagora*, 352 b, trad. di Giardini, cit., vol. III, p. 325.
[42] *Gorgia*, 485d, trad. di Giardini,, cit., vol. III, p. 423
[43] *Resp.*, VI 488 a, trad. di Sartori, cit., p. 201

momento in cui Socrate arriverà ad affermare che i filosofi dovrebbero prendere la guida dello Stato e dovrebbero, anzi, essere i cittadini stessi a chiederglielo piuttosto che aspettarsi da parte loro un impegno affannoso per prendere il potere. Platone trova, infatti, del tutto innaturale che debba essere il pilota a chiedere ai marinai di essere governati per il semplice fatto che dovrebbero essere i marinai a doverlo domandare al pilota. Parimenti, è innaturale che il medico si rechi a chiedere ai malati di essere curati quando è interesse del malato rivolgersi al medico:

"Non è naturale che sia il pilota a chiedere ai marinai di essere governati da lui né che siano i sapienti a recarsi alle porte dei ricchi. Chi si è vantato di questo motto si spirito si è ingannato; la verità è invece che, se è ammalato un ricco come se lo è un povero, è lui che deve andare alle porte dei medici; e che chiunque ha bisogno di essere governato, deve lui stesso andare a quelle di chi è capace di governare, non che sia l'uomo di governo a chiedere ai governati di essere governati, se c'è veramente qualche bisogno di lui[45]."

I governanti delle città assomigliano ai marinai dell'equipaggio di una nave in preda ad un momento di forte caos e di crisi e simili governanti, lontani dall'essere piloti quanto vicini all'essere marinai ambiziosi di primeggiare, muovono accuse, anche violenti, alla filosofia e fanno di tutto per far passare per 'inadatti' i filosofi:

"Per questi motivi e in queste condizioni non è facile che la più alta professione sia molto apprezzata da chi coltiva quelle opposte. Di gran lunga la più grave e violenta accusa mossa alla filosofia

---

[44] *"Si tratta, appunto, di uno 'scandalo' perché i greci del tempo di Platone (e del resto non solo loro) consideravano i filosofi come personaggi bizzarri, astratti, con la testa fra le nuvole, magari innocui, ma certo inetti a governare lo stato."* (Vegetti, in *La Repubblica*, 1994, p. 4)

[45] *Resp.*, VI, 489 b-c, trad. di Sartori, cit., pp. 202 - 203

viene da coloro che affermano di occuparsi di questioni filosofiche: sono appunto quelli che, come dici, fanno dire all'avversario della filosofia che la maggioranza di coloro che la praticano è gente pessima e che i più onesti sono gente inutile[46]."

Far vivere la filosofia nelle condizioni sopra descritte significa, per Platone, esclusivamente una cosa ovvero rigettare la stessa onestà nel medesimo spregio e biasimarla ad oltranza. Ancor prima che l'essere filosofo, a venir, di fatto, reputato inadatto e nocivo è l'*essere onesti* e ciò sta a sottolineare il grave stato in cui versa una società che vive una situazione profondamente malsana che la porta ad essere lontana dal Bene. I responsabili di un simile malessere hanno un nome e sono gli impostori della filosofia stessa ovvero coloro che hanno adoperato l'arguzia e il sapere non per seguire la verità, bensì per possedere un successo e il potere. Platone, attraverso l'analisi della natura filosofica, ritrova, quindi, anche la genesi del male e della perversione della maggioranza di coloro che si accostano alla Filosofia, una corruzione da cui solo una minoranza riesce a salvarsi: *"coloro appunto che chiamano non perversi, ma inutili[47]"*. Una simile minoranza è fatta di individui che *"nascono poche volte tra gli uomini[48]"* a fronte di una moltitudine che, tra gli stessi, inizia magari modellandosi sulla filosofia per poi *"usurparne il compito[49]"*:

"La cosa più strana a udirsi è che ciascuna delle qualità che abbiamo lodate in quella natura, rovina l'anima che ne è dotata e la strappa via alla filosofia. Intendo parlare del coraggio, della temperanza e di tutte quelle qualità che abbiamo elencate[50]"

---

[46] *Resp.*, VI, 489 d, trad. di Sartori, cit., p. 203

[47] οὓς δὴ καὶ οὐ πονηρούς, ἀχρήστους δὲ καλοῦσι· (*Resp.*, VI 491 a)

[48] ὀλιγάκις ἐν ἀνθρώποις φύεσθαι (*Resp.*, VI 491 b)

[49] εἰς τὸ ἐπιτήδευμα καθισταμένας αὐτῆς (*Resp.*, VI 491 a)

[50] *Resp.*, VI, 491 b, trad. di Sartori, cit., pp. 204 - 205

Un seme, al pari di un cucciolo di animale, se non viene curato nei modi ad esso più opportuni, nei tempi e nei luoghi più adatti, maturerà esigenze maggiori e dimostrerà, proprio per via di questi stessi bisogni che andranno ad aumentare quanto più è la sua forza, che:

"Il male è opposto più al bene che a ciò che non è bene[51]"

La natura migliore, pertanto, che non viene allevata nella maniera più opportuna, diviene peggiore di una natura mediocre. Il male nella *polis*, quindi, alberga ed ha origine non presso i mediocri, ma presso quella che potenzialmente è una natura nobile e buona, ma che è andata corrompendosi fino a degenerare:

"Ebbene, Adimanto, feci io, possiamo dire così che anche le anime naturalmente meglio dotate, se ricevono un'educazione cattiva, divengono estremamente cattive? O credi che i grandi misfatti e la schietta perversità vengano da una natura mediocre, anziché da una robusta rovinata dal sistema educativo? E che una natura debole non potrà mai essere causa né di grandi beni né di grandi mali?[52]"

La chiave di tutto resta, così, nell'educazione, nella *paideia*, poiché se una natura propriamente filosofica riceve una formazione conveniente, giunge a risultati virtuosi, cosa che non avviene se la stessa cresce in un contesto e con una modalità totalmente errata e ad essa lontana, nel qual caso *"solo un dio potrà soccorrerla[53]"* dal degenerare nell'opposto del Bene che è il Male. La parte centrale del VI libro della *Repubblica* è, così, tesa a concentrarsi sul confronto/scontro tra Filosofia e Sofistica dove i sofisti, sempre in costante rivalità e

---

[51] ἀγαθῷ γάρ που κακὸν ἐναντιώτερον ἢ τῷ μὴ ἀγαθῷ (*Resp.*, VI, 491 d, trad. di Sartori, in Platone, 1994, cit., p. 205)
[52] *Resp.*, VI, 491 e, trad. di Sartori, cit., p. 205
[53] Resp. 492 a, cit., p. 205

concorrenza tra loro stessi, sembrano quasi giocare a darsi la colpa della corruzione dei giovani quando essi stessi sono i primi partecipi di una situazione oramai perversa. Una volta che il sofisma attecchisce nella vita quotidiana di uno stato, Socrate tende a sottolineare che solo un intervento divino potrà salvare il sistema:

"Perché non si muta e non s'è mutato e quindi temo che non si muterà mai un carattere educato a virtù in maniera contraria all'educazione propugnata da costoro. Intendo dire un carattere umano, amico mio; uno divino mettiamolo senz'altro fuori discussione, fedeli al proverbio. Occorre tu abbia ben chiaro che non sbaglierai dicendo che qualunque cosa, in un simile sistema costituzionale, riesca a salvarsi e diventi quale deve essere, deve la sua salvezza a un intervento divino[54]"

La massa, così facile ad esser presa e trascinata dai discorsi del sofista, sarà sempre impossibilitata ad accogliere la filosofia e a seguirne spontaneamente le indicazioni: il volgo *non sarà mai filosofo* e non arriverà mai a contemplare e a credere all'esistenza del Bello in sé. L'anima filosofica, una volta nata e cresciuta in un simile contesto, difficilmente diverrà feconda e un uomo, dotato di grande ingegno, crescendo circondato da modelli sbagliati, vorrà sempre primeggiare fino ad arrivare ad essere tracotante e, qualora si accostasse alla filosofia che sola potrebbe renderlo cosciente dei suoi reali limiti e della sua mancanza e bisogno di Sapere, verrebbe, prontamente, dissuaso dai più dal continuare per tale strada. Il male invece:

"Ecco dunque, mio eccellente amico, continuai, quanto grande e quale è la rovina e la corruzione della migliore natura in rapporto alla migliore occupazione: natura rara del resto, come abbiamo detto. E da codesti uomini si sviluppano sia coloro che causano i mali

---

[54] *Resp.*, VI, 492 e- 493 a, trad. di Sartori, cit., p. 206

maggiori agli stati e ai privati, sia coloro che causano i maggiori beni, se la corrente così li trascina. Ma una natura mediocre non fa mai niente di importante, né a privato né a stato alcuno[55]"

Delle Costituzioni che vigono presso gli uomini nessuna è, pertanto, per Platone affine alla filosofia e il seme del filosofare potrebbe produrre effetti solo qualora uno stato riuscisse a realizzare una profonda armonia tra *paideia* e natura filosofica e impedisse, così, l'originarsi del male che vede la sua genesi proprio nel mancato accordo tra la *paideia* e le varie anime filosofiche. Le accuse rivolte, dunque, alla filosofia si rivelano tutte fuorvianti e false, ma, soprattutto, un intero sistema risulta da cambiare e non è, di sicuro, nella massa a poter essere riposta una simile speranza. Socrate sa di aver costruito una 'città di parole' e quando il suo pensiero si volge verso quei pochi uomini che, malgrado tutto, mantengono un carattere mite e senza invidia per le altrui ricchezze e che, incorrotti, continuano a muovere i propri passi per i sentieri della filosofia, capisce che è giunto il momento di staccarsi dalle voci della piazza e del mercato, di non indugiare troppo nel pessimismo e nella rassegnazione e di rivolgere, finalmente, le attenzioni al sole.

6. Il sole come metafora del Bene

Non devono sfuggire alcuni passi ed alcune sfumature del discorso socratico-platonico che compone il VI libro della *Repubblica*. Nel passo 486a, dove troviamo i termini ed i concetti di 'smicrologhia' ed 'aneleutheria', trattando dei danni che tali caratteristiche provocano ad un anima desiderosa di conoscere, leggiamo la seguente espressione:
L'anima filosofica è sempre tesa a rivolgersi al Tutto e Platone non pare vedere come opposte due sfere quali la Divina e l'Umana che, anzi, paiono concorrere entrambe

---

[55] *Resp.*, VI, 495 a-b, trad. di Sartori, cit., p. 209

alla formazione dell'Intero. Il sole stesso è, d'altronde, un ente separato dalla terra, ma non contrario ad essa, tanto che le cose sensibili, che abitano e che caratterizzano la terra, sono rese visibili proprio grazie al sole. Non sarebbe, tantomeno, corretto leggere una contrapposizione tra il Sole ed il Bene, visto che l'uno è metafora dell'altro o, per usare l'espressione platonica, il sole è "discendenza" del Bene e generato dal Bene stesso a sua "somiglianza". Guardare al sole è guardare alla fonte della luce che rende visibile il Tutto, così come il tendere al Bene è un tendere a ciò che rende conoscibile l'Intero. La stessa linea, che pure viene divisa prima in due piani, ciascuno dei quali viene poi ulteriormente spezzato, resta comunque un'unica ed intera linea le cui suddivisioni sono solo operate dall'uomo a livello mentale per aiutarlo a tracciare un *metodos* che tenga conto dei suoi limiti. Lo stesso sole come metafora (e non sostituzione) del Bene indica come l'essere abbia un'unica origine e fonte di vita. La visione platonica del mondo non è, pertanto, da leggersi come mero dualismo, scissione incolmabile tra due piani, bensì come possibilità di essere partecipi di due piani che compongono un'unica grande realtà. L'uomo diviene simile ad un cittadino di due mondi e non è più un essere profondamente dilaniato dall'avere un corpo e un anima, travolto, quindi, dal dilemma se scegliere una via piuttosto che l'altra. La linea è infatti *una* ed una sola e la sfera sensibile è parte integrante della medesima al pari di come lo è quella intelligibile.

"Coloro che criticano il pensiero occidentale per la concezione di un'anima separata dal corpo e persino sua nemica, non hanno compreso che questa opposizione è il prezzo pagato dall'esigenza razionale di una distinzione, premessa necessaria della possibilità di concepire davvero l'uomo e il mondo come unità di materiale e spirituale. Si tratta di un modo assai diffuso di non riconoscere la funzione della scala che ci ha permesso di salire all'altezza dalla quale guardiamo. Non è un caso che proprio Descartes, il filosofo

più radicale del dualismo nel pensiero moderno, abbia fatto
direttamente riferimento al problema nel titolo della seconda edizione
delle sue 'Meditationes de prima philophia, in quibus Dei existentia
et animae humanae a corpore distincto demonstrantur[56]'"

Lo stesso buio rinvia alla luce e se esso, come più tardi
dirà Aristotele, è *steresis[57]*, privazione, della luce, ciò
significa che è alla luce che dobbiamo l'esistenza del buio.
Platone, d'altro canto, ci fa ampiamente capire che
un'anima mediocre è incapace di generare il male che ha,
in realtà, origine solo a causa dalle migliori anime che
sono andate corrompendosi e, nella *Repubblica*, Socrate
non pare fare, anzi, mistero di voler rintracciare la genesi
del male proprio mediante l'analisi di un'anima buona e
nobile che ha conosciuto la degenerazione per via di una
pessima educazione. Non pare, dunque, che Platone
voglia dividere il mondo in "buoni" e in "cattivi" poiché,
mettendo da parte i mediocri, i quali sono però incapaci di
fare una cosa veramente importante sia nel bene che nel
male, non esistono anime buone e cattive, ma solo anime
nobili ed anime degenerate vale a dire anime che hanno
avuto un certo corso, una certa educazione, e si sono
aperte alla partecipazione del Bene ed anime che, invece,
sono andate corrompendosi. La luce che proviene dal sole
realizza, inoltre, una *koinè* tra due dimensioni separate: il
vedente ed il ciò che è visto ed è grazie alla luce, che
rende attuali le due potenzialità, che ha origine un
incontro tra vedente e visibile. Il filosofo non deve
sostituire il corpo all'anima, ma deve, invece, ricercare
un'unità tra i suoi mezzi sensibili e le sue facoltà
intellettuali: la luce intellettuale seguirà, in questo modo,
quella sensibile senza dover comportare una radicale

---

[56] R. Romani, cit,, pp. 91 – 92.
[57] *De Anima* B 7, 418 b 19, *"Inoltre sembra che la luce sia il contrario del buio.
Ma il buio è la privazione di tale stato nel trasparente"*, in Aristotele, 2008,
pp.151-153

rinuncia della sfera corporea. La linea rappresenta,
dunque, una reale continuità tra i diversi gradi della
conoscenza umana, così come la luce del sole è contigua
alla luce del Bene, rivelando che il sole è, appunto,
metafora del Bene.

7. La luce nel mito della Caverna

È sempre la luce ad essere l'elemento fondamentale del
mito della Caverna: dapprima essa ha la forma di una luce
artificiale, emanata da un fuoco acceso, che proietta le
ombre di una realtà fittizia; in seguito, è la luce naturale,
che inizialmente abbaglia, a rendere accessibile al
prigioniero, oramai libero dalle catene, la vera realtà. I
momenti che separano il prigioniero dalla conquista della
libertà sono stati letti da autori quali Stenzel e Jaeger[58]
come autentiche sequenze corrispondenti ai segmenti
della linea del VI libro. Nel nostro discorso, potremmo
dire, che, sostanzialmente, due sono i poli del percorso,
ciascuno dei quali identificabile con un momento preciso
della vita di un uomo: da una parte v'è il momento
dell'ignoranza, dell'ingenuità e del credere che una realtà
sia esattamente come la si vede dall'esterno e questo è
anche il momento dove non ci si domanda di nulla e si
tende ad accontentarsi di prendere come vero ciò che
viene offerto da una visione limitata; dall'altra v'è il
momento dell'inizio della scoperta ovvero del processo

---

[58] *"La proporzione matematica che rappresenta i quattro gradi conduce alla
comparazione del sole, termine e punto culminante del sesto libro, alla similitudine
della caverna, che configura simbolicamente, con altissima forza poetica,
l'ascensione, fin qui descritta solo astrattamente, della conoscenza all'idea del bene."*
(Jaeger, *Paideia*, 1998, cit., p. 505). *"Lo schema quadripartito si ripete nella
più vivace forma seguente. Una caverna , o più esattamente una abitazione
sotterranea, ha una lunga uscita verso la luce in tutta la sua larghezza. [...] La
caverna è il regno della pistis e della eikasia, del visibile; il fuoco è il Sole, signore di
questo regno; L'ascesa dalla caverna è quella dell'anima al luogo in cui si può
contemplare come supremo oggetto l'idea del bene."* (Stenzel, *Platone l'educatore*,
1966, pp.285-286)

del conoscere in cui il prigioniero, finalmente liberatosi dalle catene, 'sa', inizialmente mostrando la sua non abitudine al Vero per poi aprirsi, a poco a poco, alla pienezza del *sole*. In mezzo, tra l'ignoranza e la sapienza, si muove la filosofia che è coscienza autentica dell'ignoranza che s'incontra con l'amore per il sapere. Una simile ottica suggerisce che il filosofo non è l'uomo incatenato, così come non è l'uomo oramai del tutto e consapevolmente libero: il filosofo è l'uomo che percorre il *tragitto di mezzo* che separa i due poli. Egli è sia l'ignorante che potrà divenire sapiente che il sapiente il quale, nel momento in cui deciderà di rientrare nell'antro della caverna, tornerà ad essere, appunto, filosofo e, quindi, ad insegnare a chi è ancora prigioniero come poter guardare *oltre*. Il sole alias l'Idea del Bene torna, così, ad essere, anche nel mito della Caverna, fonte d'ispirazione e di illuminazione per la mente del filosofo: è la luce del sole a causare l'uscita del prigioniero fuori dalla spelonca, così come è la luce ad indicare la vera realtà che il filosofo sarà poi indotto a raccontare agli altri, compiendo il viaggio di ritorno. Dal bagliore del fuoco[59] alla luminosità del sole che tutto rischiara, è la luce, dunque, il filo conduttore dell'intero mito: gli occhi del filosofo inizialmente inadatti, poiché non *abituati*, a reggere il contatto con la luce del sole e, sempre inizialmente, illusi dalla luce artificiale del fuoco e, in quanto tali, dissuasi a conoscere le cose come

---

[59] *"E degli organi costituirono (= gli dei) in primo luogo gli occhi che portano la luce, e glieli applicarono nel modo che segue. Quella parte del fuoco che non ha la caratteristica di bruciare, ma che ci offre la mite luce prpria di ogni giorno, predispose che diventasse un corpo. Infatti il fuoco puro che è dentro di noi affine a questo lo fece scorrere liscio e denso attraverso gli occhi, comprimendo tutte le parti, ma specialmente la parte di mezzo degli occhi, in modo che trattenesse tutta la parte del fuoco che gli era più denso e lasciasse filtrare solamente quello puro. Quando, dunque, vi sia luce diurna intorna a tale corrente di fuoco puro della vista, incontrandosi simile con simile ed unendosi insieme, se ne forma un corpo unico ed omogeneo nella direzione degli occhi, in quel punto in cui quello che scaturisce dal di dentro si incontra con quello che confluisce dal di fuori"* (Timeo, 45 b-c, trad. di G. Reale, 2000, pp.127-129)

realmente sono, vengono, poi, gradualmente "abituati" dalla stessa luce naturale, ad accostarsi alla visione del sole. Nel VII libro della *Repubblica* il sole è *fuori* dalla Caverna ed illumina tutto ciò che è esterno ad essa. Tutto quel che è invece *dentro* la caverna è sotto il dominio della luce artificiale del fuoco e dal suo mescolarsi con l'oscurità e *lì* si trova un'intera comunità di uomini. Nella lettura del mito della Caverna troviamo, dunque, un alternarsi di *dentro-fuori* dove l'anelito a vedere cosa c'è *fuori* ha comunque origine nel momento in cui in chi è *dentro* si manifesta la consapevolezza che la vita, l'Essere, non si limita al confine rappresentato da una parete su cui si proiettano delle immagini. È, inoltre, la scoperta del *fuori* che induce il fuoriuscito a ricordarsi degli altri suoi simili che sono ancora *dentro*. *Dentro* la Caverna è come se venisse raffigurata la vita di tutti i giorni, quel che la quotidianità ha fatto divenire abitudine e quindi credenza; nel *fuori* dalla Caverna vi è, invece, il *nuovo* che però, a guardar bene, è ciò che è sempre stato e che si trova *lì*, pronto ad essere visto non appena gli occhi abbiano il primo battesimo di luce naturale. Quel *nuovo* che sta fuori dalla caverna, ma che, in realtà, c'è sempre stato ed era già prima che i prigionieri uscissero dalla spelonca e prima ancora che essi venissero ivi rinchiusi, è assai simile a quella eraclitea natura che 'ama nascondersi', ma che, nella sua essenza, è, di fatto, sempre *lì*, pronta a dispiegarsi agli occhi del desto. È Platone stesso a precisare, all'inizio del VII libro della *Repubblica*, il 'perché' del mito della Caverna:

> *"Ora, seguitai, paragona la nostra natura per quanto concerne l'educazione e la mancanza di educazione a un caso di questo genere[60]"*

Il mito della Caverna vuole rappresentare il problema dell'educazione, della *paideia*, e della psicologia umana che

---

[60] *Resp.,* VII, 514 a, trad. di G. Giardini, cit., p. 349

sta dietro di essa. In tale mito, vengono, infatti, descritti atteggiamenti e sensazioni dei prigionieri e si induce l'interlocutore ad immaginare ogni forma di reazione psicologica agli eventi:

"Se dunque potessero parlare tra loro, non pensi che prenderebbero per reali le cose che vedono?[61]"

Oppure ancora:

"Allora, aggiunsi, per questi uomini la verità non può essere altro che le ombre degli oggetti[62]"

Platone, ad un certo punto, ci chiede di immaginare un prigioniero che viene, di colpo, liberato da qualcuno o da una qualche forza esterna:

"Qualora un prigioniero venisse liberato e costretto d'un tratto ad alzarsi, volgere il collo, camminare e guardare verso la luce[63]"

Quasi un intervento di natura superiore procura un'inaspettata eppure nello stesso tempo anche φύσει[64] – in modo naturale – libertà al prigioniero, un atto di forza che viene dal di fuori di questi, un'ispirazione demoniaca che prende l'uomo in catene e quasi lo costringe a camminare e a volgere lo sguardo verso la luce. L'uomo che trova la sua quotidianità oramai 'rivoluzionata', Platone ci dice, inizialmente ha da soffrirne sia fisicamente poiché l'abbaglio acceca i suoi occhi che psicologicamente visto che deve accettare una realtà che non è più quella che pensava essere la sua e, in un primo tempo, come è naturale che sia, il nostro personaggio non

---

[61] *Resp.,* VII,, 515 b, trad. di Giardini, cit., pag 349
[62] *Resp.,* VII,, 515 c, trad. di Giardini, cit., pag 349
[63] *Resp.,* VII,, 515 c, trad. di Giardini, cit., pp 349-350
[64] *Resp.,* VII,, 515 c

riesce a capacitarsene e ad accogliere la cosa:

"Come credi che reagirebbe se uno gli dicesse che prima vedeva vane apparenze, mentre ora vede qualcosa di più vicino alla realtà e di più vero, perché il suo sguardo è rivolto a oggetti più reali, e inoltre, mostrandogli ciascuno degli oggetti che passano, lo costringesse con alcune domande a rispondere che cos'è? Non credi che si troverebbe in difficoltà e riterrebbe le cose viste prima più vere di quelle che gli vengono mostrate adesso?[65]"

Il prigioniero risulterà essere, anzi, così recalcitrante che più viene 'costretto' a proiettarsi verso la luce[66], più egli tenderebbe a fuggire e a voltarsi verso i soli oggetti che può vedere e ad impuntarsi a considerarli più chiari e più reali di quelli che gli vengono via via mostrati. Non si può non porre l'attenzione su come il filosofo, così impacciato, che Platone ora ci descrive, proprio in questi suoi atteggiamenti goffi ed intimoriti, di fatto riveli una propria *umanità*, così come non si può non notare che, per Platone, l'abbandono della realtà della *doxa* per quella della *episteme* comporti uno *sforzo* immane che solo un intervento di natura superiore, forse il *Nous* stesso, può porre in atto. Sembra semplice poter volgere lo sguardo verso il sole: in fondo esso è *lì* dove *è sempre stato*, basta compiere un meccanico e facilissimo gesto come quello di alzare il capo e gli occhi possono scorgerlo ed osservarlo, ma – Platone ci avverte – l'uomo deve prima fare i conti con la sua stessa personale *abitudine* alla luce per poter giungere al sole: solo una volta avuto il contatto con la luce e aver preso *abitudine* con essa si potrà giungere alla visione dell'astro solare.

Il racconto, ovviamente, continua lungo tale linea poiché quel 'qualcuno' o 'qualcosa' che ha prima 'costretto' il prigioniero ad alzarsi e a camminare verso la luce, ora lo

---

[65] *Resp.*, VII,, 515 d, trad. di G. Giardini, cit., p. 351

[66] τὸ φῶς ἀναγκάζοι αὐτὸν βλέπειν (*Resp.*, VII, 515 e)

costringe a compiere uno sforzo ancora più forte: fare la salita verso il sole stesso, frangente in cui il prigioniero proverà un misto di dolore e di rabbia fino al disorientamento più totale visto che, a causa della luce fortissima che sta *fuori* e che acceca del tutto gli occhi, non riuscirà a vedere assolutamente nulla:

"E se qualcuno, proseguii, lo trascinasse a forza da lì su per la salita aspra e ripida e non lo lasciasse prima di averlo condotto alla luce del sole, proverebbe dolore e rabbia a essere trascinato, e una volta giunto alla luce, con gli occhi accecati dal bagliore, non potrebbe vedere neppure uno degli oggetti che ora chiamiamo veri?[67] "

Platone fa allora intervenire il tempo necessario a che l'uomo possa abituarsi alla luce per poi giungere a contemplare la verità:

"Se volesse vedere gli oggetti che stanno di sopra avrebbe bisogno di abituarvisi, credo. Innanzitutto discernerebbe con la massima facilità le ombre, poi le immagini degli uomini e degli altri oggetti riflesse nell'acqua, infine le cose reali: in seguito gli sarebbe più facile osservare di notte i corpi celesti e il cielo, alla luce delle stelle e della luna che di giorno il sole e le stelle[68] "

Solo in seguito il prigioniero arriverà a contemplare il sole e a scoprire, con esso, cosa regola il ciclo del tempo e delle stagioni e quindi della vita. In tal modo, l'uomo diverrà da prigioniero, per la prima volta, padrone di una conoscenza che ha origine dalla scoperta di ciò che regola il Tutto, che rende ogni cosa visibile e che sta alla base stessa della conoscenza. Sarà questo il momento in cui l'ormai ex prigioniero, novello uomo libero, volgerà nuovamente i suoi pensieri o, meglio, i suoi ricordi a quel che era prima e ai suoi compagni di prigionia, provando

---

[67] *Resp.*, VII,, 515 e – 516 a, trad. di Giardini, cit., p. 351
[68] *Resp.*, VII,, 516 a-b, trad. di Giardini, citt., p. 351

nuove sensazioni che vanno dalla gioia della consapevolezza di essere ora diventato un uomo libero e conoscitore del Vero alla compassione per chi è rimasto *dentro*:

"E allora? Credi che lui, ricordandosi della sua prima dimora, della sapienza di laggiù e dei vecchi compagni di prigionia, non si riterrebbe fortunato per il mutamento di condizione e non avrebbe compassione di loro?[69]*"*

Platone continua così a descriverci le sensazioni e gli atteggiamenti degli uomini imprigionati, le loro prevedibili abitudini, i loro modi di fare:

"E se allora prima si scambiavano onori ed elogi e premi, riservati a chi discernesse più acutamente gli oggetti che passavano e si ricordasse meglio quali di loro erano soliti venire per primi, quali per ultimi e quali assieme, e in base a ciò indovinasse con la più grande abilità quello che stava per arrivare, ti sembra che egli ne proverebbe desiderio e invidierebbe chi tra loro fosse onorato e potente o si troverebbe nella condizione descritta da Omero e vorrebbe ardentemente "lavorare a salario per un altro, pur senza risorse" e patire qualsiasi sofferenza piuttosto che fissarsi in quelle congetture e vivere in quel modo?[70]*"*

L'uomo *filosofico* che, a questo punto, decidesse di *ritornare*, per uno scherzo del destino, avrebbe un nuovo ostacolo da superare: i suoi occhi sono infatti adesso, arrivando all'improvviso dal sole, pieni di luce ed oramai *disabituati* a quell'oscurità dalla quale prima provenivano e così l'ex prigioniero trova una nuova difficoltà da affrontare nel tornare ad essere quel che era prima: non sa più come riuscire a muoversi nell'oscurità e, Platone ci dice, prima ancora che egli possa ristabilirsi nel regno

---

[69] *Resp.*, VII,, 516b-c, trad. di Giardini, cit., p. 351
[70] *Resp.*, VII,, 516 c-d, trad. di Giardini, cit.,, pp. 351- 353.

delle ombre, gli occorre un certo tempo e in tale lasso di tempo farebbe senz'altro ridere i propri compagni che lo vedrebbero goffo nei movimenti e arriverebbero alla conclusione che i suoi occhi sono stati rovinati dall'ascesa[71] e che quindi non conviene nemmeno provare a fare quella salita. La conclusione potrebbe, anzi, rivelarsi alquanto drammatica, visto che, giunti ad una simile deduzione, i prigionieri potrebbero arrivare ad uccidere chiunque tentasse di liberarli per portarli verso il mondo del *fuori*[72].

Socrate, dunque, al termine del racconto, spiega a Glaucone:

> *"Questo è dunque il mio parere: l'idea del bene è il limite estremo del mondo intelligibile e si discerne a fatica, ma quando la si è vista bisogna dedurre che essa è per tutti causa di tutto ciò che è giusto e bello: nel mondo visibile ha generato la luce e il suo signore, in quello intelligibile essa stessa, da sovrana, elargisce verità e intelletto, e chi vuole avere una condotta saggia sia in privato sia in pubblico deve contemplare questa idea[73]"*

In un simile passo viene sintetizzato tutto il discorso platonico sull'Idea del Bene quale limite estremo del mondo intelligibile che origina la verità e la via per conoscerla. Viene aperta una riflessione molto accurata sui rapporti tra il filosofo e la politica: è naturale, infatti, che l'uomo che giunge ad un punto così elevato di teoresi sia portato a chiudersi in essa e a non occuparsi delle faccende umane:

> *"Allora – continuai – condividi anche questo punto e non meravigliarti che chi è giunto fin qui non voglia occuparsi delle faccende umane, ma la sua anima tenda sempre a dimorare in alto;*

---

[71] Un simile passo mi ricorda molto il delizioso racconto di Bell *'Nel paese dei ciechi'*
[72] *Resp.*, VII,, 517 a,
[73] *Resp.,* VII, 517 b- c, trad. di Giardini, cit., p. 353

ciò è ragionevole, se la similitudine fatta prima è ancora valida[74]."

Platone approfondisce il rapporto e il passaggio dal piano umano a quello divino e viceversa e nota, in particolare, le brutte figure e le apparenze ridicole che ricoprono una persona, la quale dalle cose divine torni a quelle umane e si ritrovi, così, a doversi confrontare con situazioni che vedono il suo modo di essere non più lo stesso e dove l' esigenza di riabituarsi all'oscurità, dalla quale pure originariamente proveniva, induce la stessa ad apparire goffa ed impacciata, con un procedere a tentoni che desterà il riso, se non il disprezzo, in chi osserva. Per tale ragione, Platone fa, in particolare, ribadire a Socrate come due siano i disturbi che possono colpire gli occhi: il passaggio dal buio alla luce abbagliante del sole e il passaggio da questa stessa luce al buio originario. Una dialettica dal duplice moto, ascendente e discendente, per usare un'espressione del Paci[75], racchiude, quindi, l'anima stessa del filosofare e tutte le risposte ai 'perché' di essa. In un simile processo, sia esso quello di natura ascendente che discendente, elementi necessari divengono l'*abitudine* e l'*educazione*. La *paideia*, parimenti, deve, in particolare, ricoprire la funzione di 'abituare' l'occhio alla luce per poi riabituarlo anche all'oscurità. La *paideia* non infonde, infatti, la vista o la facoltà di vedere negli occhi, ma *educa* la potenzialità dell'occhio a divenire atto. La *paideia* non spinge verso il buio, ma educa l'uomo a dover fare i conti con esso e a reagirvi, conservando il più possibile intatta la memoria della luce. Educare significa, pertanto, sostanzialmente, abituare l'occhio dell'anima alla luce del *Nous*, addestrando una simile potenzialità a voltarsi sempre verso ciò da cui proviene la luminosità:

"Dobbiamo concludere che l'educazione non è come la definiscono

---

[74] *Resp.*, VII, 517 c-d, trad. di Giardini, cit., p. 353
[75] Paci, 1988, pp 51 – 60

certuni che si professano filosofi. Essi sostengono di instillare la
scienza nell'anima che non la possiede, quasi infondessero la vista in
occhi che non vedono[76]."

La domanda che, però, Socrate insistentemente torna a porre è se l'azione della filosofia e quindi della punta più alta della *paideia* termini nel momento in cui l'occhio si sia oramai abituato alla luce e, infine, alla vista del sole e, quindi, quando l'uomo, amante di quel sapere che prima ricercava, può finalmente dirsi scienziato ("colui che sa"). La risposta è negativa visto che la filosofia deve spingere l'uomo, oramai staccatosi dall'ombra della caverna, a tornare indietro e ad educarsi, dunque, nuovamente all'oscurità. Un rischio è infatti individuato nella chiusura totale del filosofo che ha trovato la luce: il suo desiderio di poter finalmente vivere perennemente in una sorta di 'Isola dei Beati', lo staccherebbe in modo definitivo dalle vicissitudini dell'*agorà*. Nello stato platonico, però, ciò non è consentito: il filosofo non può staccarsi del tutto, egli ha un *dovere* da compiere, un dovere che la sua stessa natura da filosofo gli impone e *deve*, pertanto, rientrare nell'antro della caverna e completare, in questo modo, il ciclo dialettico del *dentro-fuori*. La linea resta difatti unica e singola: non ha una parallela né un'interruzione. Spezzare in modo perentorio la linea significherebbe il collasso della *polis fatta di parole* che Socrate, attraverso il suo discorso, è andato a far nascere:

"E allora – domandai – non è una conseguenza logica, anzi inevitabile delle nostre premesse, che né gli uomini incolti ed ignari della verità, né quelli cui viene permesso di passare tuta la loro vita nello studio potranno mai governare una città in modo adeguato, gli uni perché non hanno nella vita un unico scopo cui deve mirare ogni loro azione privata e pubblica, gli altri perché non lo faranno di loro volontà, ritenendo di essersi trasferiti ancora vivi nelle Isole dei

---

[76] *Resp.*, VII,518 b-c, trad. di Giardini, cit., p. 355

beati?[77]"

La soluzione apparirà, pertanto, drastica:

"Il nostro compito di fondatori – continuai – è dunque di costringere le migliori nature ad apprendere ciò che prima abbiamo definito la cosa più importante, cioè vedere il bene e compiere quell'ascesa, e di non permettere loro, una volta che siano salite e abbiano visto a sufficienza, ciò che ora è concesso
Che cosa?
Di rimanere là – risposi – e non voler ridiscendere tra quei prigionieri e partecipare alle loro fatiche e ai loro onori, che siano più o meno seri[78]"

E alla legittima obiezione se ciò non signifïchi comunque fare violenza alla natura stessa del filosofo, Socrate replicherà che la giustizia si fonda sull'armonia delle parti e che quindi il suo discorso non si prefigge di tutelare il bene di una singola categoria, ma di preservare, soprattutto, il bene comune che appunto armonizza la comunità nel proprio insieme:

"Ti sei dimenticato di nuovo, mio caro – replicai – che la legge non si prefigge l'obiettivo di procurare un particolar bene a una sola classe della città, ma si adopera perché ciò si verifïchi nella città intera, armonizzando i cittadini con la persuasione e la costrizione e obbligandoli a mettere in comune tra loro l'utile che ciascuno è in grado di fornire alla collettività; la legge stessa forgia cittadini simili non per lasciarli liberi di volgersi dove ciascuno vuole, ma per creare tramite loro il vincolo che tenga la città unita[79]"

Un meraviglioso ed apparente paradosso vuole che quella città che prima ha garantito la formazione e la

---

[77] *Resp.*, VII,, 519 b-c, trad. di Giardini, cit., p. 357
[78] *Resp.*, VII, 519 c-d, trad. di Giardini, cit., p. 357
[79] *Resp.*, VII ,519 e – 520 a, trad. di Giardini, cit., p. 357

libertà al filosofo ed alla filosofia, consentendo le condizioni a che il prigioniero uscisse dalla caverna, ad un certo punto vincoli il filosofo stesso ad eseguire un *dovere* verso la collettività e lo 'costringa' quasi ad impegnarsi in quelle stesse faccende umane dalle quali è stato, inizialmente, consentito che egli fuggisse. Nella città filosofica è la filosofia stessa, come suo atto estremo, ad elaborare un autentico ed ultimo vincolo per i propri adepti: servire la comunità prima ancora che sé stessi, maturando attraverso la *paideia*, in modo quasi spontaneo, una propria etica del dovere che segua al raggiungimento della piena libertà individuale. La linea come dal punto A può andare verso il punto B, così da B può volgersi verso A senza modificare in nulla la propria lunghezza, la propria misura, la propria natura.

8. Gli studi di Luciano Montoneri sulla concezione del male in Platone

Tre sarebbero le fasi che, per Montoneri, avrebbero contraddistinto la riflessione platonica sul Male: una prima in cui Platone avverte il male prevalentemente nella sua dimensione etico-psicologica e nella quale è implicato il punto nodale dell'intero *logos* platonico dove il Male viene, fondamentalmente, visto come "Non essere", una *non realtà* aliena dalla dimensione della *psyché* umana e generata per *difetto* di scienza, lacuna che compromette la naturale vocazione della mente a conoscere ed eliminabile solo attraverso il sapere. Già da subito, in questa prima fase, è evidente un desiderio di libertà proprio del *filosofo* Platone che vede solo nell'essere liberi la condizione indispensabile affinché la vocazione al sapere possa manifestarsi e spiegarsi nella sua interezza. La libertà è, inequivocabilmente, il farmaco necessario per debellare il male, quel male che diventerà, prima o poi, dittatura se lasciato a sé stesso e capace di diffondersi per i sentieri di una comunità. Il male vede, così, nella potenziale libertà dell'uomo il pericolo maggiore per la sua stessa sopravvivenza, visto che il *pensiero libero* è ciò che mette costantemente in discussione convenzioni e verità date per scontate. La visione del Male-ignoranza avrebbe, secondo Montoneri, implicato in Platone l'identificazione del Male con la "non realtà" generata dalla mancanza totale di scienza, che può, appunto, essere eliminata solo attraverso la ricerca della Verità, intesa anche come comprensione del vero Bene. La stessa concezione dell'anima tripartita sembrerebbe, anzi, volere suggerire l'origine del male all'interno dell'interiorità dell'uomo e localizzarla nell'incapacità del singolo di signoreggiare gli istinti. Una simile considerazione, nella genealogia del pensiero platonico, approderebbe, però, ad una ulteriore concezione più approfondita del Male inteso non più solo come mera ignoranza, ma anche come conflitto interiore e, non ultimo, come "smisuratezza". Tale fase di pensiero appare interamente concentrata sull'uomo e, pertanto, il punto di vista etico-psicologico sul male coincide inevitabilmente, nel suo essere mero discorso sull'uomo in quanto uomo, con un punto di vista "antropologico".

Un altro approccio alla teoria e alla genesi del male sarebbe, successivamente, sorto in Platone dopo l'influenza subita dal pitagorismo dove, pur conservando l'insegnamento socratico che guarda al male come ad una *patologia* (se la biga descritta nel *Fedro* precipita, ciò avviene per un'incompetenza dell'auriga), Platone apre anche ad una prospettiva metafisica del male in cui emerge la *possibilità del peccato* da parte di un'anima che, così, si presenterebbe, in questo caso, *capace* di compiere il male. Il *Fedro* e il *Simposio*, in una simile ottica, potrebbero essere considerati come i dialoghi centrali dell'opera platonica non per una questione cronologica, ma perché segnano una *chiave di volta* nel pensiero del filosofo: in essi si fa sempre più pregnante il discorso sull'uomo e la dimensione corporea finisce col divenire inseparabile da quella spirituale, venendo, quindi, a formarsi la famosa

questione del rapporto corpo ed anima che –
contrariamente a quanto in genere si pensa – è cosa assai
diversa dal dualismo di stampo cartesiano. Il corpo, nella
filosofia platonica, assume un'importanza fondamentale
in quella che è la scoperta dell'*Eros* da parte dell'uomo ed
è grazie ad un'attrazione di corpi che si verifica il primo e
fondamentale incontro tra esseri, momento anche di
origine del dialogo vero e della realizzazione di quella
"possibilità" che caratterizza l'uomo in quanto uomo. Il
dialogo è *eros* in quanto incontro, momento di
congiunzione di parole e di pensieri, di nature e di
intelligenze diverse, ma anche punto di svolta poiché
identifica quell'infinitesimale istante dove il corpo apre
all'*incontro tra anime* in un meraviglioso miracolo di
spiegamento di ali che permette all'*Eros* di essere *Eros per
l'anima*. Non è una ghiandola pineale ad unire il corpo
all'anima, ma un'intima e profonda dialettica che fa del
corpo e dell'anima due poli di un'unitaria realtà. La
riflessione platonica punta, dunque, ad un confronto e
rapporto tra due specifiche dimensioni umane, quella
fenomenica e quella noumenica, che fanno sì che l'uomo
sia un unico cittadino che abita due mondi:

*"L'influsso negativo del corpo si manifesta anche sotto il profilo
dell'incentivo da esso dato alle parti irrazionali dell'anima, le quali
sono per sé stesse caratterizzate da una tendenza innata all'eccesso,
all'espansione illimitata e, in tal senso, possono esser causa del
disordine interiore in cui consiste per l'appunto il male morale. Ma
tali forze analogiche non sono per sé malvage, in quanto assolvono a
funzioni essenziali e positive nell'ambito della vita spirituale: ciò è di
ostrato, ad esempio, dalla dottrina platonica dell'eros, definito quale
desiderio del Bello, del Bene, del Vero[80]"*

Montoneri, a tal riguardo, tiene, dunque, a precisare che
più che un'*opposizione* tra anima e corpo, Platone abbia

---

[80] Montoneri, cit., p. 416

voluto rappresentare l'*influenza* del corpo sull'anima, influenza che i dialoghi del *Simposio* e del *Fedro* dimostrano ampiamente non essere scontatamente negativa. Nel *Fedone* vi sarà pure dipinto un esempio di influenza negativa del corpo sull'anima, ma l'equivoco cartesiano dell'interpretazione della dottrina platonica consiste nell'aver tralasciato che l'autore del *Fedone* sia lo stesso del *Simposio*, come ha tralasciato pure che il dialogo del *Fedone* è il dialogo della "morte del filosofo" e quindi il dialogo che dipinge il preciso istante in cui il filosofo deve essere pronto a compiere il distacco dall'esistenza e, di conseguenza, dal corpo e il corpo non può che rappresentare, in questo unico e preciso istante, la meta da abbondare. L'attaccamento esasperato a tale meta ostacolerebbe, infatti, il compimento di una serena conclusione della vita. Se comunque guardiamo al *Simposio*, al *Fedro* e al *Fedone* come ai dialoghi che hanno consegnato l'immagine di un male come il risultato di un'influenza negativa anziché positiva del corpo sull'anima (il conflitto interiore che ha impedito un giusto e sano equilibrio tra le due parti), implicitamente siamo portati ad attribuire una *realtà* al male e, per la prima volta nell'universo platonico, il male entrerebbe nel cosmo umano, divenendo parte dell'Essere.

Nella *Politeia* e nella trilogia *Teeteto-Sofista-Politico*, oltre che nel dialogo finale delle *Leggi*, il male assume, infine, quei caratteri fisici e cosmogonici che ne fanno una presenza politica oltre che antropologica. Platone, in tali opere, medita, infatti, sul perché dell'inattuabilità dello Stato perfetto:

"Platone viene ora scoprendo come accanto all'ignoranza del Bene, altri fattori si aggiungono a impedire l'attuazione dello stato perfetto sulla terra, di ordine fisico e cosmologico. [...] La causa radicale dell'imperfezione degli stati è ora ricondotta alla stessa causa del male del cosmo, ossia alla natura corporea che lo inclina fatalmente al male[81]."

Le *Leggi*, in particolare, segnano una vena fortemente
pessimistica in cui, anche se l'ignoranza continua ad essere
vista come la principale causa del male e della corruzione
politica e, quindi, della degenerazione di una civiltà,
sembra che qui Platone abbia cessato di nutrire la
speranza in quella costituzione politica che era il secondo
'Non luogo' della *Politeia*[82]. L'imperfezione umana rispetto
alla perfezione divina è segnata da un abisso simile a
quello che Eraclito aveva, a suo tempo, descritto quando
affermava che la scienza umana è "sapere di scimmia" se
paragonata alla scienza del Dio[83]. Platone accetta,
pertanto, in via definitiva, i limiti dell'uomo e quindi, nel
suo percorso filosofico, finisce con l'accogliere la realtà
del male:

> *"Il problema del male viene così gradualmente trasponendosi
> dall'originario piano etico-psicologico (prevalente fino alla Politeia) a
> quello metafisico-cosmologico, come mostrano i grandi dialoghi
> dell'ultimo periodo (Sofista, Politico, Parmenide, Filebo, Timeo). È,
> questa, la prospettiva ultima e definitiva nella quale esso si
> riconfigura e verrà trasmesso alla Scuola platonica (come mostrano,
> in primo luogo, le testimonianze aristoteliche. [...] Attraverso il
> «parricidio» compiuto dall'ospite di Elea, Platone fonda la realtà
> 'relativa' del negativo in quanto «diverso», pervenendo a una
> concezione 'gradualistica' dell'essere[84]."*

---

[81] Montoneri, cit., p. 417
[82] Due sono le 'utopie', i 'non luoghi', la cui vita scorre costantemente
nelle pagine della *Repubblica*: la "città dei porci" (*'uon polis'*) (*Resp.*, 372d
– 372e) e la 'città eccessiva' (*tryphosan polis'*) (*Resp.*, 372e). La prima,
semplice, essenziale e senza necessità di filosofi nasce per dare una
risposta alla domanda su quale modello di giustizia debba ispirarsi una
polis; la seconda, invece, sorge quando Glaucone reclama una città più
'umana' ed "eccesiva", una *tryphosan polis* appunto, che includa dei
'lussi', delle 'comodità', delle peculiarità care al vivere quotidiano degli
uomini e, di conseguenza, necessita della Filosofia e dei filosofi.
[83] Eraclito, fr. 82-83 D-K
[84] Montoneri, cit., p. 418

Partita da una concezione etico-psicologica del male, l'intera dottrina platonica è una trasposizione, da un punto iniziale ad uno conclusivo, dove il Male diviene 'essere' e, come tale, spiegazione finale del perché della sua presenza nella vita dell'uomo e della sua polis.

"Del male non esiste un principio assoluto. Donde allora la sua origine e la sua causa? Dal bene e dall'essere, questa è la conseguenza inevitabile che procede dal riconoscimento della non sostanzialità, non originari età, non assolutezza del male, il quale non può dunque concepirsi che come mera 'accidentalità' del bene e dell'essere con tutte le conseguenze che il fatto comporta [...] Ma non sembra illogico pensare che dal bene possa nascere il suo opposto, il male? Si risponde che il male in quanto non essere non può a rigore considerarsi contrario al bene [...] e si definisce come negazione (relativa) o limitazione o deficienza del bene stesso. Dunque a causa del male è il bene non certo nel senso di causa efficiente ma in quello di causa accidentale[85]."

9. Una moderna interpretazione 'mistica' del VI Libro

Montoneri mette in guardia dal credere che "l'ascetismo" che ispira il *Fedone* debba essere identificato col senso ultimo di un messaggio che intima la fuga dal mondo e il disprezzo della terra.

Socrate, in primis, – tiene Montoneri a precisare[86] – non disprezzò mai la vita neanche nelle sue forme più umili e ordinarie e fu fondamentalmente un ottimista che non ignorò mai il male e non si pose mai di fronte ad esso in maniera miope. Socrate ebbe, invece, piena fiducia nella razionalità, nella bontà e nella spiritualità umana. Nel *Fedone* è lo spirito di speranza a regnare sovrano tanto che

---

[85] Montoneri, cit., pp. 422-423
[86] Montoneri, cit., p. 163

la morte è come annullata nel suo aspetto terrifico proprio
grazie a questo atteggiamento di fede nella vita dell'uomo,
della sua psyché e del cosmo che la circonda. Nell'ottica
dell'analisi del male, per Montoneri, la *Politeia* fornisce una
sintesi dell'intero pensiero platonico o, meglio, di tutte le
vedute platoniche al riguardo. La *Politeia* è, anzi, sempre
per Montoneri, da considerarsi come il corrispettivo di ciò
che la *Divina Commedia* rappresenta per la poetica dantesca[87].
 Al pari di Dante e prima di Dante, Platone avrebbe posto
i termini del Trascendente e dell'Immanente non come
opposti e inscindibili, ma come poli dialettici, al fine di
sottolineare la più intensa aspirazione della filosofia a
realizzare *"il regno di Dio[88]"* e, per tale motivo. la *speranza*
del *Fedone* riecheggia anche nella *Politeia*, specie dove si
manifesta la fiducia data ai filosofi, ministri-sacerdoti
"della città celeste e apostoli del Bene sulla terra[89]"
 Il VI libro diviene, così, la parte dell'opera dove è
riposto il ritratto del filosofo ovvero di un *"uomo
innamorato del sapere, amico della verità e nemico della menzogna,
appassionato dei soli piaceri dello spirito, assai poco sensibile a
quelli del corpo[90]"*. Montoneri non esita a definire il VI libro
come il *sancta sanctorum* del platonismo[91], il libro dov'è
contenuta la chiave di volta per comprendere il senso

---

[87] *"La Politeia ci appare, fuori d'ogni dubbio, come una colossale opera dello
spirito alla quale è accostabile solamente la « Divina Commedia» per lo stesso
Resp.iro 'cosmico' che la pervade, per l'eguale carattere di totalità e conclusività che
possiede. Insomma la Politeia è, come la «Commedia» dantesca, opera «a cui ha
posto mano e cielo e terra», sintesi di terreno e di celeste, di finito e d'infinito, di
temporale e d'eterno, d'umano e divino"* (Montoneri, cit., p. 199)
[88] Ibidem
[89] Ibidem
[90] Ibidem. Al fine, però, di costituire un confronto e sottolineare anche
in questa sede come Platone non sia per nulla un autore scontato, sulla
presunta immagine del filosofo "nemico della menzogna" si rimanda,
già da ora, alle pagine dedicate alla riflessione di Toesca sul ruolo stesso
della menzogna all'interno della filosofia platonica o, meglio, del
"regime" platonico
[91] Sempre a p. 199

ultimo dell'immensa speculazione platonica, opera che porta ai massimi livelli la definizione del filosofo in quanto «*philotheamone*», spirito *contemplativo*, uomo desto verso la vita dello spirito[92] che lo caratterizza rispetto alla moltitudine degli uomini che, invece, si appaga dell'opinione e conduce una vita *mediana* tra verità ed errore, Bene e Male:

> *"Il Bene assoluto è principio di assoluta scienza, il male assoluto –*
> *in quanto assolutamente non è – è la negazione d'ogni conoscere; tra*
> *questi due estremi sta l'opinione, condizione intermedia tra scienza e*
> *ignoranza, e dunque di relativa imperfezione, che si rivolge a una*
> *realtà a lei adeguata: il fluttuante mondo del divenire, anch'esso tra*
> *l'essere e il nulla assoluti[93]."*

Il VI libro approfondisce, pertanto, la definizione del filosofo in quanto uomo che *"ha la rara potenza di cogliere l'essere eternamente uguale a sé stesso[94]"* e che traduce nei fatti pratici questa sua "rara potenza", dando ascolto a quella voce, sempre dissonante e dissuasiva, che Socrate asserisce di sentire ogni qual volta in lui si manifesta la possessione di uno sconosciuto *Daimon*.

Il *Daimon* impone al filosofo la visione critica del Mondano e lo induce a guardare con occhi "amici", intendendo qui per "amico" quel "philos" (termine che può avere il duplice significato di "familiare" e di "amante"), della verità e a considerarsi, per contro, nemico della menzogna. Il *Daimon* impone il suo categorico *"No"* alla possessione bramosa del denaro e all'immersione totale nei piaceri materiali e contingenti della vita, ma rende anche immuni dalle meschinità e dalle ristrettezze mentali e apre, infine, lo spirito ad accogliere, dentro di sé, l'universo intero. Il *Daimon* ha fatto, in ultima

---

[92] Montoneri, p. 198
[93] Ibidem, p.198.
[94] Ibidem, p. 199.

istanza, del filosofo quel politico perfetto e incorruttibile che ogni società civile vorrebbe e che ogni "lobby" o potere forte aborre.

Il paragone tra "l'evoluzione filosofica dello stato e della società" e "l'involuzione del filosofo *per via* dello stato o della società" è sufficientemente reso dalla conclusione del mito della nave e dall'affermazione che sono l'ambiente e l'educazione a fare sempre la differenza e ad essere determinanti nel far trionfare l'una o l'altra situazione: se un seme non trova le condizioni adeguate per poter fruttare e maturare, non genererà la speranza, ma l'inettitudine. Per Montoneri, Platone ha, dunque, posto l'accento sulla questione dell'*inadeguatezza*, approfondendola al fine di rimarcare che non sono i filosofi e la Filosofia ad essere inadatti ed inadeguati alla gestione di uno stato, bensì è lo Stato, in quanto contesto sociale e politico, ad essere inadatto ed inadeguato alla Filosofia. Il VI libro continua quella tragicità *sconvolgente* del IV e del V libro, facendo ribaltare i ruoli di accusatori e accusati e spiazzando definitivamente le critiche al filosofare, che diviene, anzi, *techne* della gestione del potere sia a livello individuale, inteso come cura dello spirito e dell'anima, che politico ovvero governo di uno Stato. Protagonista del VI libro non può che essere, quindi, l'*educazione* ed è ad un "pedagogo" che Montoneri appunto guarda, ad un "pedagogo" che ha descritto la buona e la cattiva educazione, ad un pedagogo che per primo nella storia avrebbe posto il principio teoretico della tesi e dell'antitesi della paideia; una tesi ed un'antitesi che, assieme, non portano a sintesi alcuna, essendo una dicotomica all'altra fino a generare un autentico conflitto interiore nel momento in cui s'impone il dovere di una scelta. La natura filosofica è, in questo senso, materia modellabile a seconda dell'educazione che ne va a costituire il contesto e Platone avrebbe, quindi, identificato con le nature filosofiche pervertite *"i grandi geni malefici della storia*[95] *"*i quali, a loro volta, saranno indotti a lasciare – sempre per mero interesse – che i vuoti da essi creati vadano colmati da chi non è adatto alla filosofia e alla politica, da chi, più precisamente, per vocazione, sarebbe abile in altri mestieri, ma non ad entrare a far parte di quell'educazione filosofica che è anche, per antonomasia, *politica*. La filosofia appare, nel contempo, come cosa "bella e pericolosa", generatrice essa stessa del suo senso d'essere come del suo annientamento, del sincero e spontaneo amore per la scienza e per la verità come anche della sofistica stessa:

"Avvertiamo in queste nobili, dolenti pagine platoniche, un tono d'intensa amarezza e accoramento, il sentimento profondo di un dolore tragico, che l'alta fantasia dello scrittore induce in suggestive immagine simboliche: ecco il profilo del filosofo parvenu, raffigurato dall'immagine del fabbro arricchito, basso e calvo, che liberatosi dai ceppi del suo servile mestiere, s'è lavato ai bagni pubblici, ha indossato l'abito nuovo e, tutto agghindato, come un giovanotto che va a nozze, si accinge a impalmare la figlia del suo padrone decaduto e ridotto in miseria. Quali figli potranno nascere da un siffatto connubio? Certamente creature bastarde e vili, le quali, quando avranno a che fare con cose di molto superiori alle loro capacità, rovineranno tutto e produrranno – nel dominio della filosofia – frutti spuri e privi di valore: sofismi e fallacie intellettuali[96]."

I veri filosofi si ritrovano, simili ad eroi sofoclei e shakespeariani, ad essere soli e sparuti, isolati, non capiti. Allontanati come tanti Edipi dalle loro città, i filosofi infastidiscono quante menti sono chiuse nelle proprie abitudini e nelle proprie mentalità per poi finire sempre bollati come *inutili*, malgrado la loro stessa presenza o comunque esistenza dimostri che l'inadeguatezza alla vita stia da tutt'altra parte che non nella dimensione della Filosofia.

---

[95] Ibidem, p. 203
[96] Ibidem, p. 204

Va, dunque, nel VI libro a delinearsi quell'immagine del Male che fa di Platone uno dei filosofi che maggiormente ne ha accolto l'entità in quanto presenza o, comunque, realtà in cui può cadere l'esistenza dell'uomo. Assieme alla visione del Male, Platone, sempre per Montoneri, avrebbe maturato, infine, una visione particolare del *Caso*: è, infatti, solo per un motivo fortuito che si può realizzare quella felice combinazione tra Filosofia e politica che può debellare l'attuale situazione e porre, pertanto, rimedio al Male. Socrate avrebbe ribadito per tutta la vita che i progetti del proprio pensiero erano difficili, ma non impossibili[97] e l'educazione, solo l'educazione, in quanto prassi educativa, può racchiudere quel segreto per vincere le incomprensioni della massa verso la filosofia.

Il Bene è il punto più alto dell'opera del reggente-filosofo e della sua comunità, ma talmente alto che di esso si può realizzare una ricerca senza però averne cognizione esaustiva. Solo un discorso per analogie può, così, rendere il concetto della trascendenza del Bene su tutte le cose ideali e materiali:

> *"Il Bene è al di là dell'essere e della verità, dell'intelletto, dell'intellezione, delle idee[98]."*

L'idea del Bene del VI libro della *Politeia* segnerebbe, quindi, sempre per Montoneri[99], il punto più alto della teologia platonica e s'identificherebbe con l'Uno apofatico della prima ipotesi del *Parmenide*, col primo Re dell'*Epistola II* e col Bello in sé del *Simposio*. Platone avrebbe, sotto l'ottica di una dottrina del Bene e del Male, creato un sistema unitario e coerente di cui le aporie sono solo aspetti apparenti e dove, al centro del Discorso, vi sarebbe un profondo rivolgersi al Divino, sì da fare del filosofo-

---

[97] Ibidem, p. 206
[98] Ibudem, p. 208.
[99] Ibidem, p. 209.

politico, anche un "teologo e uomo di Dio":

"Non va dimenticato che il supremo Valore s'identifica col Divino onde appare incontrovertibile che il « meghiston mathema» ha per oggetto Dio, in guisa che il filosofo-politico altro non può essere che teologo e uomo di Dio[100]."

L'immagine della linea, che si articola per gradi o per sezioni, indica la via alla comprensione che il male assoluto corrisponde, nella gradualità della noesi umana, ad un assoluto "Non essere" non avente realtà alcuna per sua stessa definizione. Il male, che noi uomini sperimentiamo nelle varie forme della nostra vita, altro non è, quindi, che un "non essere relativo" ossia partecipazione di una realtà carente e depauperata[101]. Platone consuma, anche in queste pagine, un parricidio di Parmenide dove la concezione gradualistica e modalistica dell'Essere supera le posizioni eleatiche sull'assolutezza dell'Essere e accoglie, per contro, il Divenire come grado intermedio tra Essere e nulla, *un misto di essere e nulla[102]*, una sorta, insomma, di essere *relativo*. Il Divenire segna, pertanto, il motivo del *"Regno del Male"* nel quale l'uomo va radicandosi per sua natura e condivisione, ma dal quale può comunque evadere grazie all'aiuto dell'Intelletto e della scienza. Il dovere morale dell'uomo si prefigura, dunque, come un *adeguarsi al conoscere dell'Essere* nel quale prende un preciso posto la *paideia* e che delinea, nel suo processo graduale d'illuminazione intellettuale da parte dell'individuo, un'autentica "conversione[103]" dell'anima dalla tenebra del Male alla luce del Bene, tema che la scelta stilistica del mito della Caverna avrebbe poi contribuito a rendere nella sua forma più drammatica.

---

[100] Ibidem, p. 210
[101] Ibidem, p. 211
[102] Ibidem
[103] Ibidem, p. 212

10. Il contributo di Enzo Paci

"La civiltà europea sempre, nei suoi momenti di più alta tensione, o di potenza o di crisi, ha sentito il bisogno di guardarsi, di valutarsi, e questa valutazione, non può essere stata che lo sguardo al passato, il ritrovare la profonda sorgente della nostra cultura nella civiltà classica[104]."

Per tale ragione, lo stesso Paci, a riguardo della *Repubblica*, scrive:

"L'importanza della Repubblica non è solo di carattere politico; il pensiero di Platone, come ogni pensiero umano, si avvicina alla realtà, tanto più quanto più chiarisce se stesso. Nella Repubblica dovremmo quindi trovare, espresse con la massima chiarezza, le linee fondamentali della filosofia platonica. Gli studiosi hanno spesso visto in quest'opera la conclusione di un periodo del pensiero di Platone e l'inizio di un altro, non sempre, a parte quei richiami con gli altri dialoghi che si impongono da se medesimi, si è cercato di vedere nella Repubblica il centro ideale dell'opera platonica[105]."

Paci, come si intuisce bene solo leggendo queste brevi ma intense righe, rifiuta di fissarsi a *catalogare* le divisioni dei vari periodi del pensiero platonico e boccia, anzi, una lettura di Platone "spezzettata" per periodi, proponendo, invece, una visione più unitaria e coerente della dottrina platonica. La *Repubblica* diviene così, per Paci, la massima espressione del pensiero platonico visto che è nella politica che Platone ritrova il suo interesse fondamentale e, pertanto, per riprendere le parole del Montoneri, non può la *Politeia* non apparire come il "sancta sanctorum" del platonismo. Per Paci, un filo conduttore unirebbe, anzi, Platone ad Hegel: la consapevolezza della razionalità

---

[104] Paci, 1988, p. 1
[105] Ibidem, p. 47

58

del *Reale*. Lo stato di Platone sarebbe, così, un precorrere il principio del "ciò che è reale è razionale". Le cose stanno però sul serio così? Punto fermo della nostra ricerca è che è davvero difficile andare "oltre" Platone e lo stesso hegelismo, con tutta la sua serenità e fiducia nel Reale, pare quasi naufragare di fronte a quella stessa ottica platonica che pure sembra anche in parte voler garantire. Lo "stato ideale" per Hegel è da trovarsi nella storia o, meglio, nello spirito della storia e, pertanto, proprio per questa sua peculiarità, "è"; Nella *Repubblica*, la "città di parole" è "Non luogo" e, come tale, uno specifico e particolare "Non essere" nel significativo senso che nessun governo della storia è avvicinabile allo stato di cui Platone tratta. Lo stato platonico è, infatti, lo stato 'astorico' per eccellenza, è al di fuori della storia e *oltre* essa, è eterno in quanto alieno alla storia e, come tale, unico, vero e impalpabile *Non luogo*. Lo stato platonico è, soprattutto, *possibilità* e cosa assai diversa da una *determinazione*.

Paci ci suggerisce un' ulteriore ed importante riflessione da farsi:

"In Hegel troviamo uno Stato reale, storicamente determinato, nel quale si realizza l'idea del diritto: per Platone nessun governo della sua epoca è avvicinabile, anche da lontano, allo Stato filosofico. Hegel ci può dare una filosofia della natura, Platone non parla della natura che attraverso il mito. Ora potremo noi dividere completamente la realtà sociale dl mondo della natura? Potrà la filosofia del diritto fondarsi indipendentemente dalla filosofia della natura? In Platone la possibilità di quest'indipendenza ci garantisce, in un primo tempo, la realtà di uno Stato ideale, cioè la presenza di una realtà empirica afferrabile nella sua totalità come essere. Se infatti lo Stato viene pensato in relazione col mondo della natura esso allora non si può più pensare come ideale. Non sarà più perfetto, non sarà più un'idea, non sarà più molteplicità organizzata, ma molteplicità disorganizzata, divenire illimitato, non essere. Esso sarà male, non bene[106]."

L'Essere e il Non essere sono i poli non del solo dialogo del *Parmenide*, ma dell'intera filosofia platonica. La filosofia platonica è, infatti, riflessione sull'Essere e sul Non essere, sulla conoscenza e sull'ignoranza, sul ciò che è Bene e su ciò che è Male. Il Non essere, però, come Paci si sforza di chiarire, non ha, in Platone, affatto dei contorni ben definiti e ben delineati: non si può leggere il Non essere unicamente come opposizione all'Essere e attribuirgli solo caratteri negativi. Il Non essere e il Male non possono, forse, nemmeno essere spiegati razionalmente perché non rientrano nello svolgimento di una fenomenologia. Paci, a tal riguardo, scrive:

"La filosofia potrà giustificare la loro esistenza e la loro necessità di fronte all'essere ed al bene ma non scoprire la loro interna razionalità perché in essi questa razionalità non esiste[107]."

La non spiegabilità del Non essere, al pari della non spiegabilità del Male, trova un riscontro che solo il linguaggio mitico ovvero il linguaggio del "Verisimile[108]" riesce a rendere e che il linguaggio filosofico e razionale chiama in aiuto al suo essere limitato nella ricerca dell'intima conoscenza del Cosmo e dell'opera del dio. V'è uno sfondo misterico e nel contempo logico che illumina la filosofia di Platone, uno sfondo che nasce dalla consapevolezza che la realtà, quella realtà che conosciamo e tocchiamo ogni giorno, sia fondamentalmente circondata da un alone che chiamiamo "mistero" ma che è anche vita, origine del Tutto e del perché dell'Essere e del Non essere. Questo *mistero* noi uomini, in quanto enti dotati di logica e di razionalità, amanti dell'ordine e delle spiegazioni, non possiamo conoscerlo. Il linguaggio

---

[106] Ibidem, p. 50
[107] Ibidem, p. 51
[108] *Timeo*, 29 c

mitico interviene ad illuminarci sulla presenza del mistero nella nostra vita e la filosofia prende atto che la razionalità umana deve convivere con tale presenza. Il motivo per cui Platone spiega il male con l'ignoranza non è solo dovuto al fatto che se l'uomo davvero sapesse non commetterebbe mai l'errore e quindi il male, ma anche alla sottile coscienza del filosofo che l'*essere uomo* è partecipare di quella limitatezza che impedisce la conoscenza di un profondo ed intimo ordine delle cose che vede l'esistenza del Non essere accanto a quella dell'Essere e, di conseguenza, del Male come parallelo del Bene. Il senso, oltre al non senso, sembra essere il motto di un simile discorso. La razionalità divina trascende quella umana anche per via dell'ignoranza di quest'ultima: l'ignoranza è, così, limite alla comprensione della vera razionalità del Tutto e del *Cosmos* nella cui architettura prende posto anche la possibilità del Male inteso come ciò che sfugge alla razionalità dell'uomo e alle spiegazioni della filosofia, la quale si ritrova sempre ad essere, in questo, 'sapere di non sapere'.

Paci inoltre scrive:

> *"Nella Repubblica è la realtà politica che viene combattuta in quanto fondata sulla doxa o in quanto disorganizzata a causa della negatività dei molteplici e cioè, in questo caso, a causa dell'ingiustizia[109]."*

La *Repubblica* di Platone è, in particolare, l'esempio magistrale di due metodi come di due dialettiche: una "ascendente" ed un'altra "discendente". Occorre prima, però, precisare che il termine "metodo" è da Paci usato nel senso stretto del significato di *"attraverso una via"* e quindi di strada da poter percorrere. La molteplicità delle impressioni che, giorno per giorno, ricaviamo dalla nostra vita quotidiana apre alla possibilità di un'ascesa ideale. Nel

---

[109] Ibidem, p. 52

suo essere un'opera "illuminata", la *Politeia* offre una visione politica che si oppone fermamente al dogmatismo di quelle certezze fondate unicamente sulla *doxa* e la dialettica deve, pertanto, ascendere attraverso i vari gradi del conoscere umano verso un *Nous* che dia unità alla stessa molteplicità delle cose sia reali che ideali. La matematica ha, per questa ragione, un valore educativo enorme poiché delinea una ben determinata scala delle conoscenze:

> *"Il suo studio abitua l'anima a valersi dell'intelligenza per la verità, a trovare l'uno in ciò che è molteplice ed è per questa ascesa che si delinea una scala delle scienze[110]."*

La *Repubblica*, sempre per Paci, ci offre una visione d'insieme di tale ascesa meglio e più degli altri dialoghi platonici che tendono ad approfondire questo o quell'aspetto dell'idea che non il percorso della mente umana verso di essa. Nel momento in cui la *Repubblica* vuole consegnare non un aspetto della razionalità del Reale, bensì la consapevolezza di una razionalità colta nella sua totalità, quando, anzi, la stessa opera ci offre una visione del sapere *per gradi* e questi gradi si dispongono secondo una gerarchia al cui apice sta il Bene, ci accorgiamo che ogni grado, preso di per sé, è limitato, necessariamente limitato, per poter avere un valore conoscitivo e, pertanto, è il solo intero percorso per gradi conoscitivi, ciascuno dei quali ha una propria limitatezza, ad avere la possibilità di portare al Bene. Cos'è, a questo punto, il Bene? È ciò – si potrebbe subito rispondere – che non ha solo un valore conoscitivo, ma anche un valore strategico assoluto. Conoscenza, Verità ed Esistenza non sono semplici idee, ma effetti dell'idea per eccellenza, essendo l'Idea del Bene non genesi, nutrimento, possibilità, ma – Paci sottolinea – *ciò che da'* la

---

[110] Ibidem, p. 53

possibilità, la genesi, il nutrimento:

"L'idea da' l'esistenza al Reale, ma a questo reale resta superiore[111].
"

La gerarchia per gradi che porta verso il Bene è gerarchia ontologica oltre che conoscitiva. Quel sapere *mediato* che Hegel promuove nella prefazione alla *Fenomenologia* è in Platone un dato già acquisito e non solo da un punto di vista conoscitivo ma, anche e soprattutto, *ontologico* nel senso che esso è strutturale della mente umana. La cosa che deve più sorprendere nell'analisi paciana dell'ascesa platonica per gradi verso il Bene è la rivalutazione della stessa *doxa* che trova, così, una propria giustificazione: la *doxa* diventa, infatti, momento necessario del percorso conoscitivo ed ontologico umano. Se il metodo dialettico ascendente aveva inizialmente condannato la *doxa* come dogmatica, insufficiente e inadeguata a condurre all'idea del Bene, lo stesso metodo dialettico la rivaluta, giustificandola e ponendola come primo grado della conoscenza:

"La doxa viene condannata solo in quanto sorpassa i suoi limiti e non viene posta in relazione con gli altri gradi di conoscenza[112]."

La *doxa* trova, quindi, ampia giustificazione poiché è in essa che ritroviamo due atteggiamenti tipici dell'uomo: la *eikasia* e la *pistis*, così come altri due sono gli atteggiamenti che sgorgano dalla *episteme*: la *dianoia* e la *episteme* in senso stretto. Le due sfere, *doxa* ed *episteme*, non sono qui opposte l'una all'altra e la linea non è duale, ma unica e ciò che può apparire come insieme di divisioni è, in realtà, unione di momenti diversi.
La linea è, però, anche geometria e numero, Uno e

---

[111] Ibidem, p. 54
[112] Ibidem, p. 55

Molteplice sono i concetti che stanno alla base dell'immagine della linea: l'unità dell'idea del Bene e la molteplicità della realtà. La molteplicità e l'unità, la percezione umana della realtà e la fantasia propria dell'uomo da una parte, ma anche la stessa molteplicità delle idee dall'altra, pongono assieme il problema di come le une possano essere unificate alle altre nel percorso unitario che porta al Bene. Lo stato diviso per classi, ma unitario nel suo insieme, al pari dell'individuo, che è uno ma anche tripartito e nel quale ogni parte dell'anima corrisponde ad una delle classi dello stato, può essere letto come un tentativo di unificazione del Sensibile all'Intelligibile.

Accanto al metodo ascendente, la *Repubblica*, però, presenta anche un metodo discendente poichè il filosofo deve sempre ritornare *indietro* e riconfrontarsi nuovamente con la dimensione dell'oscurità:

"Essi (= I filosofi) *devono abituarsi a fissare le oscure immagini che una volta cedettero realtà, devono ritornare nel mondo del molteplice e della doxa e ritornarci per organizzarlo, per idealizzarlo, per avvicinarlo al mondo delle idee[113]."*

L'ascesa da un grado all'altro è possibile attraverso un'*affermazione*, la discesa lo è tramite una *negazione*: il metodo discendente apre pertanto le porte al Non essere. Se il Molteplice è negazione dell'Uno, il metodo discendente è possibilità di partecipazione del mondo della *doxa* all'*episteme*. L'identificazione del Molteplice nell'idea è possibile solo negando l'unità all'idea ovvero calandola nella nostra realtà e lo stato ideale deve diventare possibilità per uno stato reale. Lo stato platonico è, per Paci, così, possibilità dell'Incontro tra l'Essere e il Non essere e apre la domanda sulla sua credibilità e possibilità di esistere visto che nella *Repubblica*

---

[113] Ibidem, p. 57.

si pongono le basi sia per la creazione, ma anche per la distruzione di uno stato ideale:

"C'è un non essere ben più profondo di quello da noi considerato per il mondo reale di fronte al mondo ideale. È un non essere che è sotto lo stesso mondo reale, è la falsità di questo, la sua nullità non di fronte all'idea ma di fronte a se medesimo, così come si cela nella natura un male che a noi uomini non è dato spiegare. Per questo Platone aveva definito il mondo della doxa un mondo intermedio tra ciò che è e ciò che non è; con questo non essere intendeva la possibilità insita nella doxa dell'errore e dell'ombra vana senza realtà[114]."

Ogni idea cela in sé stessa una propria opposizione e, come tale, la *creazione* ha anche una sua *distruzione*. Se il mondo sensibile può essere accostato a quello intelligibile, è logico che vi sia una ripercussione dell'uno sull'altro e le Idee, come smascheramento del Non essere, possono anche incontrarsi con il Reale come negatività e quindi rappresentare la distruzione:

"Nello stesso modo quel mondo reale che noi avevamo visto unirsi al mondo ideale e diventare intelligibile, se ci sarà nel mondo ideale una negatività, diventerà negativo e intelligibile, oggetto di una credenza che è falsità, mondo di fenomeni in organizzabili. La stessa unità dovrà conseguentemente negarsi al resto e negarsi non in quanto diventa molteplicità ma nel senso che diventa assolutamente non uno[115]."

Il filosofo ascende e discende, pone e nega...

11. L'analisi di Pietro Maria Toesca. Menzogna e Intellettuale: il VI libro della Repubblica ovvero il libro dell'ironia del filosofo

---

[114] Ibidem, p. 59
[115] Ibidem, p. 60

Per Toesca, la filosofia di Platone è prassi in quanto "poiein" ovvero creatività e Platone è il poeta-filosofo che, con la *Repubblica*, avrebbe indicato più cosa non fare che non cosa invece gli uomini dovrebbero fare. Toesca ritrova, nella dottrina platonica, sostanzialmente una visione di filosofia intesa come "professione" nel senso di un qualcosa che dev'essere *professato* e che, per tale ragione, non può che essere *prassi* di vita oltre che di pensiero. La filosofia diviene, pertanto, un *mestiere* 'creativo' che in Platone e, in particolare nella *Repubblica*, giunge ad elaborare quella che, di fatto, è un'autentica *menzogna*.

Per comprendere meglio una simile considerazione, bisogna iniziare a guardare alla Filosofia come ad un 'mestiere' che è e vuole essere, appunto, "creativo": creatività ci vuole, infatti, per arrivare a *mentire filosoficamente* e a contrapporre una *menzogna filosofica* ad una *menzogna sofistica* e questo in un discorso la cui conclusione pone la *contraddizione*, con tutto lo spirito che essa comporta, come la vera molla che anima un libro profondamente *ironico* quale la *Repubblica*. Sul termine e sul concetto di 'ironia' si basa la comprensione del libro[116] che Toesca dedica alla questione, in quanto l'autore vuole offrire a noi lettori quella che è, appunto, una lettura sostanzialmente *ironica* dell'opera platonica e che, nel suo dispiegarsi, spiazza il lettore, suscitando moti di autentico stupore. Toesca, infatti, *sorprende* nella sua lettura di Platone come *sorprende* nella particolare rinuncia di una certa lettura del grande filosofo ateniese: Platone è il filosofo della verità? Per taluni versi, è il filosofo della "grande menzogna". Nella *Repubblica*, la filosofia diviene la *scienza regia* e lo stato filosofico è fondamentalmente *regime* che autorizza il filosofo a *mentire* in nome di una verità superiore. Tale è appunto la *contraddizione* del V

---

[116] Toesca P. M, 1986, *Platone pensatore negativo: analisi della scrittura ironica della "Repubblica"*.

libro della *Repubblica* dove, specie nel passo in cui si tratta della comunanza delle donne e dei figli, lo Stato impone la "non conoscenza" da parte del bambino della propria madre e del proprio padre, elaborando, così, una menzogna finalizzata alla sopravvivenza dell'idealità di uno Stato, ma di fatto un 'complesso, consapevole e architettonico inganno':

"*La menzogna necessaria dei governanti è la menzogna strutturale, la falsità di uno Stato che si fonda sulla necessità del falso[117].*"

Tante possono essere le domande da porre: il potere porterebbe, infatti, necessariamente alla menzogna? L'intellettuale, che tanto sembra combattere contro sofismi e bugie, si ritroverebbe, quindi, ad appoggiare, ad un certo punto, egli stesso un inganno? Simili interrogativi devono indurre ad un'accurata riflessione al riguardo: se così è, l'intellettuale e la sua coscienza sono, nella lettura che Toesca fa del problema, soprattutto, le prime vittime morali dell'uso del potere. Da una simile prospettiva, la lettura dell'opera di Platone, non può, allora, che instillare il forte dubbio se la debolezza umana, col suo connaturato egoismo, sia realmente così forte da indurre a "gettare la spugna" e ad abbandonare ogni ideale. Sembra che Platone ci dica che, in effetti, non si possa davvero riconoscere serenamente il proprio parente senza che ciò celi un potenziale pericolo che causi il male della società.

Una simile, delicata, questione ruota, di sicuro, tutta attorno a quel *cesaronepotismo*, così profondamente odioso e ingiusto, che apre il sistema a sotterranee caste feudali, alle *lobbies*, ai clan familiari e che finisce, inevitabilmente, con il limitare il potenziale di altri, impedendo quell'armonia di parti professata da Platone e giungendo, così, ad uccidere sul nascere un tentativo di *Stato giusto* dove ciascuno possa avere un *proprio* ruolo. Un tale pericolo è certamente reale, ma può davvero essere sconfitto con una menzogna, con quello che è, appunto,

---

[117] Toesca, 1986, p. 36

67

un "architettonico" inganno?

Per potere almeno cercare di fornire una risposta ad una simile domanda, dobbiamo partire dall'assunto che la *divisione del lavoro* è alla base dello stato platonico e il vizio, interamente umano, del *nepotismo* non può che scombinare la razionale e giusta divisione del lavoro che è anche divisione tra le parti all'interno di quell'armonica unità dello stato socratico-platonico. Probabile, allora, che la menzogna filosofica sia, in realtà, più precisamente, una "consapevolezza del paradosso".

Mi sembra, giunti a tal punto, opportuno esporre, però, una mia personale lettura del problema: da parte mia si tende, infatti, a guardare a Platone più come a quell'intellettuale che "esagerava" per *esorcizzare* piuttosto che all'*intellettuale ingannatore*.

Platone non dice infatti espressamente di *ingannare* i cittadini su quelle che sono le loro origini: più semplicemente intima di *"non dire"*. Il *non dire* è un *non dire* per la verità, in quanto il non dire la verità, in questo discorso, implica un *non dire* nemmeno la menzogna e ad essere, quindi, una neutra omissione che lascia in una voluta e libera oscurità. L'uomo è un ente debole e limitato e lo Stato deve compiere al suo posto un *gesto di forza* nel tenere celate quelle origini che potrebbero dare adito a nocive tentazioni e a desideri finalizzati al solo e unico favore dei propri parenti. La famiglia è di fatto annullata; la comunità è però salva.

L'individuo è protagonista del Bene dello Stato e su di lui gravano interamente le responsabilità per il futuro della sua polis: il bambino è ora cresciuto.

12. Il VI libro in Toesca

"Il filosofo" – scrive Toesca – *"ha la funzione* (la filosofia è professione) *del ribaltamento delle apparenze, è quindi il primo testimone della discontinuità. E questo ribaltamento è ad un tempo sottile e totale, sconvolgente: Adimanto ha il sospetto che la*

descrizione fatta da Socrate del filosofo sia contemporaneamente vera
e assoluta mente falsa, nel senso che la sua verità appare
stranamente corrosa e come svuotata della forza che si sarebbe invece
attesi che avesse la sua correttissima evidenza[118]."

Platone darebbe, pertanto, avvio ad una costruzione che rischia di ricadere in una forma di "aggrovigliamento" fino a partorire una figura *"mostruosa, manifestamente composita[119]"* dove, Toesca continua a precisare:

"la sua coerenza ha lo stesso segno del rapporto-scontro tra i filosofi da definire e lo Stato[120]."

La *Repubblica* di Platone è, in questo, una costruzione teoretica e politica tutta ancora da definire. Non è una descrizione idilliaca e per nulla banale, ma è un'opera che *ribalta l'esperienza* in quanto ovvietà e, in tale suo *ribaltare l'esperienza*, intende definire pienamente il rapporto intellettuale/regime. Platone che non definisce, ma che cerca di definire, aprirebbe, anzi, una polemica tutta ereditata da Socrate contro l'esperienza umana criticata per la pretesa di voler essere immediata. L'esperienza dell'uomo è, di fatto, come attraversata da un flusso storico di contraddizioni, ma anche di configurazioni di interventi e, pertanto, anche di deformazioni. L'esperienza porta, così, ad "un'esplosione della contraddizione[121]" poiché compie l'errore di farsi "pretesa", andandosi a scontrare con il vissuto concreto e particolare delle persone stesse. L'esperienza di cui parla Socrate è, però, anche un'esperienza che si traveste nuovamente di *possibilità*: è ipotesi più che teoria, è possibilità di essere e di farsi storia, ma anche possibilità per l'uomo di

---

[118] Ibidem, p. 39
[119] Ibidem, p. 40
[120] Ibidem, p. 40
[121] Ibidem, p. 40

appropriarsi di una realtà che è sua, ma non ancora sua.

"È questa la duplicità-ambiguità dell'esperienza, che rappresenta l'arché conoscitiva filosofica di Socrate: la possibilità di fare storia, di costruirsi l'esistenza, che è a disposizione di ogni uomo purché egli compia prima di tutto il lavoro di de-storicizzazione, di scrostamento della sua esperienza, della sua situazione storico-sociale, si appropri di una realtà che è sua ma anche non lo è ancora, è la sua profonda realtà ma anche la sua immersione nell'illusione di esistere che consiste nella rete dei rapporti che a lui vengono senza che egli abbia contribuito a costruirli. [...] Attenti dunque alle descrizioni 'positive': sono le virtù, i beni, i buoni che corrompono l'anima e la 'strappano via alla filosofia', e l'educazione perfetta, e il consenso: ecco perché non è possibile una teoria positiva dello Stato, ovvero ecco in che senso una teoria positiva dello Stato è senz'altro l'espressione ' coprente' di una realtà negativa, è l'imitazione-falsificazione della verità, l'imbellettamento, l'imbonimento di una realtà costituita soltanto di quelle virtù-orpelli, che essendo passate della parte del nemico, cioè dell'apparenza deformata-deformante, impediscono assolutamente di riconoscere la verità dove è, e quindi di porre correttamente il problema della verità. La quale per questo deve essere di nuovo definita, cercata[122]."

Il cerchio si chiude e Socrate e Platone compiono una denuncia radicale nei riguardi delle costruzioni statali nate, appunto, per pretesa di "esperienza": esse sono sofistiche e vanno *rovesciate*; hanno di fatto contraddetto il compito dell'intelligenza che vuole che le cose non possano mai essere totalmente definite e chiuse. Il sofista, in tutto questo, chiude un capitolo che il filosofo intende sempre aprire. Il sofista è, in particolare, per sua natura, 'comodo' per la gente almeno quanto pesante e faticoso è il dialogo col filosofo, ma, soprattutto, il sofista è "utile" quanto il filosofo "inutile". Il filosofo rappresenta esattamente il contrario di ciò che si chiama "consenso". Il metodo

---

[122] Ibidem, p. 41-42

culturale si oppone alla violenza attuata per *chi non si lascia persuadere*, violenza che non intende tanto eliminare gli interlocutori del dialogo quanto invece il dialogo stesso. La cultura corrotta e la massa ignorante rifiutano il dialogo e la sua possibilità, non accettano figure dialoganti e coloro che dialogano sono sempre classificati come dei 'perditempo', 'scansafatiche' e 'inutili': in una parola "pericolosi". Il filosofo è, infine, un pilota che non ha la luce e che sa di mancare dello strumento della luce eppure, questo stesso pilota, diventa custode-sacerdote-governante e da' forma, forse, al punto più alto dell'utopia platonica: la figura del custode-guerriero ovvero dell'uomo che detiene la forza, ma la modera col pensiero; che guarda al futuro e ai tempi che verranno e che, nel contempo, custodisce il fondamento che da sempre mantiene la sua *polis*. Secondo Toesca, il problema centrale della questione risiede nello stesso modo di concepire l'arte politica che, prontamente, contraddice le condizioni del sapere, pone in dubbio la stessa insegnabilità del fare politica e nega, infine, in profondità, il rapporto verità-politica. Un simile atteggiamento si scontra inevitabilmente con il filosofo onesto e vero (che di fatto è estromesso dai giochi del potere) che attribuisce alla filosofia il carattere di "socializzare" la verità. Il sofista rovescia le verità in falsità e fa della *teoria della politica* l'arte di far apparire vero il falso, col vivo intento di mantenere l'ignoranza e opporre, così, la sfera del *fare* a quella del *sapere*. La *menzogna sofistica* è, dunque, assai diversa dalla *menzogna filosofica*: a differenza del sofista, che vuole e che cerca in tutti i modi di andare incontro ai desideri della moltitudine, il filosofo sente l'esigenza di far nascere lo "Stato degli uomini", non arrendendosi alle ottusità della massa e promuovendo la fede nell'educazione. È evidente un attacco/denuncia rivolto contro la politica:

"*Si può leggere qui, ancora una volta, la tensione dialettica tra i due modi, o i due aspetti, della pedagogia socratica: l'educazione*

attraverso la parola, e la parola definitiva attraverso la
testimonianza [...]La Repubblica oltreché teoria della prassi
socratica potrebbe anche esser letta come la giustificazione storica,
mediante quella teoria, del distacco cultura-politica a cui Platone si è
visto costretto[123]."

Platone si è assunto, per Toesca, l'incarico di farsi
portatore di una filosofia o, meglio, di un'educazione
intesa come prassi rivoluzionaria:

"Il rapporto cultura-politica è essenziale: una cultura astratta è
insignificante; viceversa uno Stato impenetrabile è contraddittorio,
perché impedisce, con le contraddizioni del sapere, le proprie stesse
condizioni di verità. [...] Il problema sarà dunque quello di
attribuire alla filosofia e alla politica un significato in vista del
cambiamento, domandandosi quale sia il rispettivo contributo, oggi
diremmo rivoluzionario, 'alla rivoluzione'. [...] Socrate crede nella
possibilità universale dell'intelligenza, nel sapere come sapienza
possibile di tutti, anzi su questo presupposto è fondata tutta la sua
operazione culturale; per questo teme e condanna la moltiplicazione
degli intellettuali, dei sapienti che invece fondano la propria realtà
sociale sulla professione come privilegio, e quindi sulla divisione tra
sapienti e non, gestori del sapere e ignoranti-obbedienti. Più c'è in
giro di tale gente e meno è possibile la filosofia, il sapere, il filosofo-re
come corretta gestione culturale-politica dei rapporti interumani. Per
questo l'ipotesi di fatto del 'filosofo onesto' è un'ipotesi di strettissima
minoranza, di 'avanguardia rivoluzionaria' estrema ed
estremamente difficile, che richiede una militanza, un curriculum
formativo, una perseveranza prospettica, potremmo dire 'ideologica'
più unica che rara[124]."

L'idea del Bene è all'apice di un *logos* sull'educazione-
prassi-rivoluzione che è, a sua volta, rivoluzione in quanto
specifico *ribaltamento dell'esperienza*. Una simile Idea non

---

[123] Ibidem, p. 45-46
[124] Ibidem, p. 48-49-50

può, allora, che *definire*, più di ogni altra, il ruolo dell'intellettuale verso il potere. È l'Idea del Bene a dare, d'altronde, il fondamento alla stessa metodologia socratica, la quale costituisce un percorso che rimanda ad un "tertium" che più che essere il sole, è la luce; più che essere il Bene, è la prole dell'idea del Bene. Il Bene è, pertanto, l'unico criterio di giudizio a poter suggerire il ciò che *dev'essere* e la teoria del Bene è, fondamentalmente, *teoria-prassi* e non mera contemplazione astratta ed alienante. Tale criterio di giudizio, in un'operazione che non può non avere dell'*ironico*, diventa *non definibilità* del concetto stesso, facendo della suddetta dottrina del Bene una teoria sostanzialmente *ironica* che mette in guardia dal *definire*. Platone avrebbe più indicato cosa *non fare* piuttosto che *fare*: quanto è nella *Repubblica* descritto non è da seguire. Il sapiente può arrivare a mentire proprio in virtù del suo stretto rapporto con la Verità e Platone, per Toesca, mette in guardia verso una certa idealizzazione dell'intellettuale inteso come sapiente: il sapiente di fatto non sa...

"*Gli uomini, tutti gli uomini, non devono soltanto fruire dei risultati, lasciando a qualcuno fra loro, cioè a uno o alcuni uomini-superuomini ad un tempo umanizzanti-bestializzanti, la gestione dei principî, del criterio, del sapere universalizzato come fondamento pratico e ad un tempo riservato come possibilità teorica; ma in questa operazione – storicamente situata nell'alienazione e comunque sempre aperta alla possibilità di essa – colui che può avere il compito di mettere in grado altri, tutti gli altri, di fruire degli stessi principî può, senza volere, imbrogliare, falsificando il riscontro e della verità e della sua capacità di illuminare il reale concreto e di trasformarlo. Questa relazione diretta-indiretta del sapiente (che è uomo) col vero, è dunque non mai definitiva, è la tessitura tra visibile e invisibile, noto e ignoto. Per questo non è istituzionalizzabile: come affidarsi per legge ad un sapiente che non sa? Come codificare i consigli di un filosofo che per comunicare deve continuamente decodificare, smontare e rimontare, formidabilmente trattando con esplosivi ad altissimo potenziale nei sotterranei della costruzione sociale, con in più il bisogno-dovere di non prendere in quel maneggio nessun'altra precauzione che la propria continua presenza, aprendo però il più possibile porte e finestre all'osservazione, alla partecipazione, alla terremotante ansia di presenza, di scoperta, di 'guardia' di tutto il popolo degli uomini aspiranti uomini*[125]?"

---

[125] Toesca, cit., p. 51

PARTE SECONDA

Il Bene e la libertà tra crisi politica e ideale platonico della paideia nella Repubblica di Weimar

1. Il volo della rondine

Paragono la storia della Repubblica di Weimar alla storia di un comunissimo volo di un altrettanto comunissimo uccello: la rondine. Il volatile in questione è, però, in realtà, particolare nel suo genere: esso è grazioso, bello, elegante. Quando vola per i cieli annuncia la primavera che fa da sfondo al suo volo. Il volo della rondine è geometrico, ambizioso, architettonico e profondamente leggero e ricco di grazia. Il volo della rondine è bello poiché la sua traiettoria ricorda un disegno e il cielo azzurro appare simile ad una tavolozza di colori su cui si disseminano punti neri che sfrecciano in ogni direzione veloci e precisi. A volte, esse sembrano andare a sbattere contro un muro o sul terreno, ma subito, passato quel momento di follia e di vicinanza alla morte, le rondini riprendono il loro volo e continuano ad essere libere e a farsi padrone di uno spazio fresco e creativo, aperto come solo il cielo può essere. La rondine, però, ha una caratteristica che la accomuna ad una pagina della storia umana: essa vive del proprio volo...

Una volta caduta, la rondine non si rialza più a meno che la mano di un uomo pietoso non la prenda e non la rilanci energicamente verso l'alto. Una volta caduta, la rondine è destinata a morire. Un colpo inaspettato di vento o una mossa mal calcolata può decretare la fine della sua vita, semplicemente facendola cadere e non dandole più la possibilità di rialzarsi. Così sono alcuni periodi storici in cui gli uomini vivono di entusiasmo e di leggerezza e non si accorgono che il colpo di vento ostile è più vicino di quanto essi pensino. Anche la Repubblica di Weimar è particolare nel suo genere: anch'essa è stata geometrica ed ambiziosa nel suo disegno politico e sociale; anche Weimar ha vissuto del proprio volo e solo di esso si è nutrita. Esaurito il volo, si è esaurito tutto: la libertà, l'armonia, il disegno di una società più egualitaria e giusta. Finito il volo è venuta a cessare l'esperienza. Weimar è morta e dei suoi sogni, delle sue ambizioni, delle sue architetture è rimasto solo il silenzio e poi, ad un certo punto, il frastuono della collera, della tracotanza, del delirio ha riempito quel vuoto tra mero desiderio di libertà e giustizia ed autentico sofisma.

2. Ritorno a casa

Scrive Eric D. Weitz[126]: *"un esercito sconfitto che rientra in patria non è mai un bello spettacolo"*.

Lo spettacolo non poteva, però, essere né fermato né sospeso perché così aveva decretato il motore della storia e gli eventi si erano, in questo modo, andati a determinare. Di fronte all'incolmabile senso di sconfitta, alle marce di chi rientrava e ai volti cupi di chi assisteva impotente ai lati della strada, Ebert decise, comunque, di salutare tutti i reduci della guerra e li salutò come coloro che avevano protetto la patria dall'invasione del nemico, salvando, così, le proprie donne, i propri figli, i propri genitori e, con essi, *"i campi e le officine tedesche[127]"*.

La "maledizione della Germania" ovvero i suoi stessi sovrani erano stati messi da parte dal popolo tedesco e, con questo riferimento, Ebert proclamava la fine della guerra come il momento che vedeva il popolo tedesco diventare padrone del proprio destino. Il futuro della libertà dipendeva, in particolare, proprio da loro: dai reduci della guerra. Con un simile ragionamento, con un

---

[126] E. Weitz, 2007, p. 9
[127] F. Ebert, 1944, pp. 94-95

tale discorso, Ebert era andato molto al di là delle parole di circostanza, del messaggio consolatorio dopo la fine di una tragedia, del tentativo di risollevare almeno moralmente, almeno in parte, le sorti di un popolo sconfitto e stremato. Ebert, con le sue parole, aveva dato un 'senso' all'attività della guerra, un 'senso' alla storia tedesca di quel particolare ultimo periodo, alla sua partecipazione alla guerra e alle vicende che da essa scaturivano, ma, soprattutto, aveva finito col dare un 'senso' alla sconfitta stessa[128]. La storia, però, non è fatta di soli discorsi intellettuali, la storia è fatta, soprattutto, di uomini e del loro vivere e sentire, ma per i tredici milioni di tedeschi che avevano prestato servizio militare durante la prima guerra mondiale di sensato, forse, restava ben poco: rientravano sì a casa, ma col loro rientro, la Germania era costretta ad accogliere il pesante fardello delle condizioni dell'armistizio che aveva posto fine alla guerra, ma che, assieme a questa fine, poneva anche le basi di una crisi futura che avrebbe determinato drammaticamente gli esiti della storia europea. A questi uomini che rientravano la propaganda ufficiale, qualche anno prima, aveva detto che essi andavano in guerra per difendere i confini della patria; questi stessi uomini, adesso, rientravano con una visione delle cose molto diversa da quella che avevano quando erano partiti. Weitz annota: *"nessun soldato ritrovò, al rientro in patria, la sua famiglia, il suo villaggio o la sua città nelle stesse condizioni in cui li aveva lasciati al momento della partenza[129]."* Non vi fu abitante di diverse piccole e grandi realtà tedesche che poteva, direttamente o indirettamente, dirsi immune dalla tragedia della "Grande Guerra". Nel complesso, due milioni di tedeschi erano morti e 4,2 milioni risultavano essere i feriti. Il 19 % della popolazione maschile coinvolta nelle

---

[128] *"Le persone in lutto avevano bisogno di trovare un senso alla loro perdita"* (Strachan , 2009, p. 315)
[129] Weitz, 2007, p. 11

operazioni belliche perì a causa della guerra e molti altri condussero i loro ultimi anni tra danni fisici e psichici.

Fu quindi la disperazione a far cadere in Germania la monarchia e fu la disperazione a dare adito alla speranza di poter chiudere un capitolo e di poter, finalmente, voltare pagina. La Repubblica di Weimar nacque, dunque, da un misto di disperazione e di speranza ed Ebert si trovò, suo malgrado, inaspettatamente, a dover prendere il potere, a dover salutare i reduci e a dover dare, di colpo, uno sviluppo democratico alla vita del paese. Fu così che *"una raffica di decreti*[130] "proclamò in Germania la libertà di stampa, di parola e di religione. Una 'raffica' che portava con sé un vento di apertura mentale, oltre che di libertà civile, che faceva della Repubblica di Weimar l'esempio politico più avanzato, progressista e culturalmente innovativo d'Europa. L'anima della Nazione, tuttavia, poteva pure essere entusiasta, ma il corpo era oramai stanco e depresso e non poteva fornire energie adeguate per dare a quell'anima la possibilità di compiere il proprio volo. Con una generazione ridotta ad essere, per usare le parole di Erich Maria Remarque[131], "inutile a sé stessa", la nazione risultava estremamente insoddisfatta, delusa e repressa, disillusa che una migliore Costituzione e delle leggi più sagge e più giuste potessero renderle giustizia, senza un atto di forza, un gesto forte che invertisse la rotta delle sanzioni imposte dalle potenze straniere e imprimesse una certa tensione economica atta ad arricchire e a creare lavoro e benessere piuttosto che pagare i debiti di guerra. Ebert stesso aveva, d'altronde, detto chiaramente ai reduci che la patria non era nelle condizioni di offrir loro premi ed onori materiali e che non era una vita di certo facile quella che stava lì ad attenderli. Eppure una nazione così stremata e resa, appunto, 'inutile a sé stessa' partoriva un cuore pulsante

---

[130] Weitz, 2007, p. 24
[131] *Im Western nicht neues*, Propylaen Verlag, Berlin, 1928

all'interno di quello che un tempo era sia il centro che il simbolo della sua stessa classicità: Weimar. Weimar, da punto nevralgico e fucina della classicità tedesca, diveniva, in questo modo, anche il punto focale della modernità della Germania e questa modernità era divenuta legge incarnatasi in quella che fu appunto la *Costituzione di Weimar*, la carta costituzionale più aperta ed innovativa d'Europa che rendeva uomini e donne uguali in ogni loro diritto, che induceva a poter pensare, scrivere ed esprimersi liberamente e che, infine, proteggeva disoccupati, madri e minori le cui difficoltà venivano, almeno in parte, prese a carico dello Stato. La Germania rinasceva come Stato Federale in cui il popolo eleggeva democraticamente il proprio governo e il proprio presidente, il quale, a sua volta, nominava il cancelliere (ovvero il capo del governo). Weimar e la sua Repubblica portavano, però, anche i 'diktat di Versailles' e furono appunto questi a pesare come macigni e a frammentare la società tedesca più di quanto la sicurezza liberale e sociale potesse compattarla[132]. Eppure, ancora oggi, come scrive Peukert[133]:

"Per la cultura, «Weimar» è ancora sinonimo di modernità. La Repubblica sprigionò la sua forza di irraggiamento culturale in una sequenza storica che terminò nel 1933 con il più netto rifiuto della modernità culturale dell'avanguardia."

Peukert scrive chiaramente come per noi effettivamente *'Weimar'* sia diventato sinonimo di *"modernità classica[134]* "e

---

[132] *"La colpa è sempre stata imputata alla Germania, allora come oggi. Persino l'impero austro-ungarico diffondeva calunnie sul suo alleato, attribuendo alla Germania la Resp.onsabilità di averlo trascinato in una guerra troppo estesa perché potesse gestirla. Nell'Intesa, i ministri degli Esteri di Russia e Gran Bretagna, SergeJ Sazonov e sir Edward Grey, erano convinti che a Vienna non avrebbero mai agito in quel modo se non per le pressioni esercitate da Berlino."* (Strachan H., 2009, cit., pp. 37- 38)
[133] Peukert, 1996, p. 179

non la semplice storia della prima democrazia tedesca. Nessun altro paese può, nel XX secolo, vantarsi di aver dato al mondo lo stesso lascito culturale della Berlino degli anni '20: dalla fotografia all'architettura, all'arte, al costume, alla filosofia, alla scienza:

"Weimar fu un luogo difficile in cui vivere, generò ciò nondimeno, una grande creatività[135]."

Tanta creatività, che andava a manifestarsi in ogni settore e che faceva della Repubblica di Weimar la più aperta ed innovativa terra d'Europa, nascondeva, però, le insidie della fine e, assieme ad esse, i germi della tragedia. Quei tumulti della massa, che più di due millenni prima Platone stesso aveva individuato, tornavano a manifestarsi con una certa evidenza e con un certo tremore e, qualora volessimo accostare la lettura di una particolare pagina della *Repubblica* ai momenti spirituali e materiali che Weimar attraversava, scorgiamo una forma di *profezia filosofica* in queste parole:

"È come se uno avesse compreso gli impulsi e i desideri di un animale da lui allevato grande e forte e sapesse come bisogna avvicinarsi a lui e toccarlo, quando e per quali motivi diventa più irascibile o più mite, quali suoni è solito emettere a seconda delle circostanze e quando, se proferiti da altri, lo ammansiscono e lo irritano; e tutte queste conoscenze, apprese grazie a una lunga dimestichezza, le chiamasse sapienza e si volgesse a insegnarle quasi avesse istituito un'arte, pur non avendo in verità la minima idea di che cosa in questi pensieri e desideri sia bello o brutto, buono o cattivo, giusto o ingiusto, ma attribuisse tutti questi nomi in base alle opinioni di quel grosso animale, definendo bene ciò per cui prova piacere, male ciò per cui si adira, e non sapesse trovare altra giustificazione che il fatto di ritenere giusto e bello ciò che è

---

[134] Ibidem
[135] Weitz, cit., p. 425

necessario, senza aver visto e senza essere in grado di dimostrare ad altri quanto in realtà differiscano la natura del necessario e quella del bene. Un uomo simile, per Zeus, non ti sembrerebbe un educatore ben strano[136]?"

Una domanda sento, pertanto, di porre: le parole appena lette, scritte più di duemila anni fa circa e, pertanto, da più di due millenni impresse nelle pagine del testo platonico, con traduzioni ed edizioni diverse, certo, ma pur sempre parole di un discorso ben preciso e razionale, vengono oggi lette al pari di come lo erano nei secoli passati senza, però, mai essere prese a modello di una certa riflessione politica. Tali parole, oggi come allora, erano comunque *lì*, fisse nel testo scritto, ma soprattutto *fisse* come lo è una certa verità che non si muove, ma che attende d'essere svelata. Pari al sole che emana la luce, che è *sempre lì* e che era già prima, allo stesso modo di come *"è"* nel momento in cui gli occhi del prigioniero lo scorgono per la prima volta e *"sarà"* anche dopo che questi rientra nel buio della caverna, la verità contenuta in un discorso filosofico, anche se formulato nell'antichità, rimane immobile e quasi in attesa di scuotere certe coscienze. Noi, oggi, forse, leggiamo le parole che ho sopra riportato con una certa trepidazione ed un naturale sgomento, ma le stesse parole erano presenti anche durante le letture della *Repubblica* nel periodo di Weimar e in quello immediatamente successivo. Possibile – domanda che pesa, pur se apparentemente ingenua – che non abbiano fatto riflettere gli intellettuali come, invece, avrebbero dovuto? Quali pensieri avranno colpito, affollato, condensato le menti dei lettori di Platone e, in particolare, di *quest'opera* di Platone in quel preciso momento storico? Non è immaginabile che il passo, che abbiamo qui preso in considerazione, non abbia, sia pure minimamente, fatto tremare un certo animo e resuscitato in esso un forte

---

[136] Platone, cit., *Resp.* 493b-493d, p. 315

81

dubbio. Nessuno oppose, però, il farmaco del filosofare alla retorica del regime; il dubbio rimase muto e il pensiero restò chiuso tra amene parentesi, sicuro di poter così preservare, ad un tempo, salvezza ed innocenza, non rendendosi, invece, conto che le due cose, davanti ad un certo spettacolo, a volte diventano inconciliabili o addirittura diametralmente opposte in quella che diviene un'autentica dialettica di *aut-aut*.

Forse questa può essere una prima risposta.

3. Quando la cultura va contro il buon senso. L'analisi storico-giuridica e culturale di Giuseppe Bognetti sulla fine della Costituzione di Weimar.

Nel 1991, Giovanni Bognetti pubblica un saggio dal titolo esemplificativo che affronta un'analisi storica e comparativo-giuridica, prendendo in esame la Costituzione di Weimar. Il saggio in questione è *"Europa in crisi[137] "*

Nel suo studio, Bognetti così esordisce:

"La Costituzione di Weimar potrebbe rivestire, per tutto il mondo colto, rispetto al tipo di ordinamento politico-giuridico con cui si reggono i popoli occidentali nella seconda metà del ventesimo secolo, lo stesso valore di simbolo da sempre rivestito, almeno per gli europei continentali, dalla Dichiarazione francese dei diritti del 1789 rispetto al modello classico[138]."

Per Bognetti, la Costituzione tedesca del 1919 partorisce quello che siamo oramai abituati a guardare come al 'nostro' modello di Stato ovvero 'democratico' e 'sociale' dove alle libertà personali, culturali ed economiche vengono, per la prima volta, affiancati diritti e principi sociali che integrano e talora limitano e restringono le

---

[137] Milano, Giuffrè Editore, 1991.
[138] Bognetti, 1991, p. 126

prime. La Costituzione weimariana, inoltre, offre, sempre per Bognetti, anche un primo esempio di divisione dei poteri *nuovo* ed *interventista* che ben si conviene ad uno Stato democratico e alla sua Repubblica, sociale e democratica, la quale prefigura già quegli assetti che caratterizzeranno il New Deal statunitense, la Francia dopo il Fronte Popolare del 1936 e la Gran Bretagna laburista del 1945.

Un'altra caratteristica della Costituzione di Weimar era rappresentata dall'accettazione, senza remore, della divisione capitalistica della società in 'classi' e, contemporaneamente, dal rifiuto di una lotta di classe quale anima della vita politica del paese. La conclusione cui mira Bognetti è la seguente:

"La Costituzione di Weimar avrebbe potuto superare le prove terribili cui il paese fu sottoposto e avrebbe potuto condurre in porto senza rotture la piena democratizzazione della società solo se avesse avuto dietro di sé l'incondizionato consenso di tutte le forze che aspiravano al nuovo[139]."

Ebbero, invece, la meglio i timori e le ripugnanze della borghesia per tutto ciò che sapeva di socialismo. Per tale motivo, secondo Bognetti, andò ad aprirsi una sproporzione o, se si preferisce dire, una proporzione diametralmente opposta tra la positività oggettiva dei valori della Costituzione di Weimar e il messaggio dato dai valori di una cultura, come quella tedesca degli anni '20, che pare vivere una fase di tramonto e di decadenza[140]:

"Il carattere fondamentale comune a tutti i settori della cultura weimariana può in effetti identificarsi attraverso la formula sintetica della «rivolta contro la ragione»[141]."

---

[139] Ibidem, p. 135
[140] Ibidem, p. 149
[141] Ibidem

La rivolta prendeva adito dalla convinzione/consapevolezza, ma anche 'credenza', che alla mente umana sia, di fatto, negata la possibilità di conoscere il fine ultimo delle cose e le stesse strutture dell'intelligenza dell'uomo. Un simile novello "sapere di non (poter) sapere" si traduceva, però, questa volta, nel rifiuto estremistico che la mente umana possa porre principi etici universali ed immutabili e che, quindi, i valori siano tutti frutto di scelte contingenti e spesso arbitrarie. Bognetti ascrive alla "Rivolta contro la ragione" del periodo della Repubblica di Weimar un carattere di piena completezza e generalità che culminava in aperte manifestazioni di relativismo assoluto. Un simile paradigma culturale non poteva né aiutare né giustificare e, quindi, dare un minimo di supporto al modello politico-giuridico-sociale weimariano. Bognetti scrive, così, che i Kant e gli Hegel erano oramai lontani[142], i classici dell'idealismo tedesco appartenevano al passato e non erano compatibili con il relativismo dominante della cultura tedesca degli anni '20[143]. Non erano, però, mancate delle voci che segnalavano il problema: alcuni

---

[142] Ibidem, p. 153

[143] Questa è, in realtà, un'affermazione un po' forte: la Germania presentava, infatti, una larga fascia del ceto intellettuale contraria alle politiche e alle idee hitleriane. E' vero che i Kant e gli Hegel erano, fisicamente, morti da tempo, ma restavano pur vivi nelle opere e nelle posizioni dei neokantiani e dei neohegeliani. Che dire, inoltre, di tanti autori, scienziati ed artisti che opposero una resistenza intellettuale a certe idee del tempo? E che dire, infine, di quanti, tra di essi, finirono con l'essere perseguitati per origini e/o posizioni poco conformi al regime nazista? Pensiamo ai vari Einstein, Husserl, Jaspers, Arendt, Cassirer, Thomas ed Heinrich Mann, Hermann Hesse, Bertolt Brecht etc. solo per citarne alcuni. Il problema, semmai, è che simili uomini, in quel momento, non furono autori 'di successo' tali da far loro incontrare seguiti presso il grande pubblico. Restarono fondamentalmente isolati ed inascoltati mentre l'abisso tra una certa cultura ed una certa mentalità, tra buon senso ed istinto, andava a farsi sempre più profondo

intellettuali come Troeltsch[144] intuivano i deleteri effetti di una simile cultura imperante, che rendeva indifendibile, sul piano razionale, quanto proposto dalla Costituzione weimariana e scorgevano i rischi terribili, nel campo della ragion di Stato e della moralità politica, di un sopravvento della "Rivolta contro la ragione" sul potere e sulla gestione della comunità. Nel 1928 un colpo inaspettato venne, inoltre, proprio da chi pareva voler difendere lo spirito democratico: Kelsen, con un libro divenuto famoso in seguito[145] dove cercava, appunto, di difendere la democrazia e di sottolinearne una razionalità di fondo, giungeva ad affermare che la miglior forma di Stato fosse quella che rimette al popolo la sovranità e il potere, ma finiva anche col difendere una forma di "democrazia assoluta" che non giovava affatto alla Costituzione di Weimar la quale, invece, incentrava la vita sociale e politica sui diritti della persona mentre la difesa di una democrazia formale ed assoluta si ritorceva contro un simile spirito poiché andava a suggerire che il popolo sovrano aveva tutto il diritto, se la maggioranza lo desiderava, di eliminare istituti e garanzie poste dalla Costituzione stessa ergo minava profondamente la stabilità sociale che i legislatori di Weimar avevano cercato di instaurare. Bognetti, in particolare, rileva una sorta di "marchio pagano "in tale difesa della "Democrazia formale assoluta" che culmina in un'autentica forma di "divinizzazione" del popolo e Kelsen[146], di fatto, poneva

---

[144] *Der Historismus und seine Probleme*, Tuebingen, 1992
[145] *Vom Wesen und Wert der Demokratie*
[146] L'opera di Kelsen non può essere ridotta al solo scritto qui considerato. Egli fu e resta comunque uno dei più grandi giuristi austriaci. Per quanto le sue riflessioni sulla 'teoria pura del diritto' (unite a quelle della stessa teoria 'pura' di democrazia che abbiamo qui preso in esame) abbiano incontrato e incontrino critiche valide, sono evidenti gli sforzi di dare un concetto di diritto oggettivo, sgombro da influenze morali, sociologiche e politiche. La sfera del diritto posta su un piano diverso da quello della politica punta alla separazione netta tra 'essere' (*sein*) e 'dover essere' (*sollen*) in cui la norma giuridica non è

la volontà del popolo su un piano vicino a quello di Dio.

Il relativismo assoluto, d'altro canto, Bognetti continua a rilevare nella sua analisi, annunciando la 'morte di Dio', torna sempre a porre l'uomo come *misura di tutte le cose* e, così, il relativista che oggi sceglie la democrazia per propria tutela, un domani, a proprio piacimento, potrebbe optare per un totalitarismo fascista piuttosto che bolscevico come pure, all'opposto, propagare una visione politica fondamentalmente anarchica. Sta di fatto che la cultura della Repubblica di Weimar era intrisa di un profondo relativismo che privava di validi e seri supporti culturali il modello giuridico e politico della sua Costituzione e andava, invece, a delineare un panorama di grave e forte contrasto tra Costituzione e Cultura. Fu, in particolare, un periodo dove gli intellettuali dell'epoca, andandosi a piazzare in una corrente detta di 'destra' e in un'altra detta di 'sinistra', finirono con l'accomunarsi in sentimenti di odio, di ripugnanza, fino quasi a rasentare

---

norma morale e la sua 'positività' consiste nel metodo stesso in cui viene dall'uomo 'posta'. Kelsen mirava ad evitare ogni commistione tra 'diritto' e 'morale' e poneva, quindi, l'analisi della 'validità della norma' da un punto di vista puramente 'formale', la quale definiva 'valida', appunto, una norma se in accordo con i criteri stabiliti da un'altra norma di stampo 'superiore', venendo, così, a delineare quella tipica struttura 'piramidale' che è alla base di una 'Costituzione'. In base a tale criterio, puramente formale, una norma può essere 'valida' anche se oggettivamente 'ingiusta'. A causa delle sue origini ebraiche, Kelsen, con l'avvento del Nazismo, fu costretto ad espatriare e condusse l'ultima parte della propria vita in California dove morì. In coerenza col proprio pensiero, Kelsen continuò, tuttavia, a reputare, per quanto ingiusto, 'Stato di diritto' il regime nazista poiché dotato comunque di un ordinamento giuridico efficace e valido. La riflessione di Kelsen sul Diritto e le sue teorie liberal-democratiche hanno avuto una chiara influenza su giuristi del calibro di Bobbio, il quale, nel suo *'De senectute'*, riconosce un proprio tributo al giurista austriaco. In tale opera, Bobbio, infatti scrive: *"Devo a Kelsen l'aver potuto accedere senza sforzo a un sistema compiuto di concetti-chiave per la comprensione realistica (non ideologizzata) del diritto distinto dalla sua base sociale e dai valori che di volta in volta lo ispirano"* (Bobbio, 1996, p. 87)

l'isteria verso tutto ciò che, a loro dire, sapeva di borghese e di capitalistico e ad attaccare, quindi, la stessa Costituzione. A Destra il modello socialdemocratico apparve simile ad un crampo che bloccava quello slancio verso l'*Eroico* che avrebbe sublimato l'uomo e una vera società di uomini magni e di spiriti eletti; da Sinistra piovevano, invece, critiche che spesso oltrepassavano addirittura, per veemenza, gli attacchi della Destra: la Borghesia, la Costituzione, la Repubblica erano tutte nemiche del popolo da dover assolutamente rimuovere, anche con la violenza, al fine di giungere ad una "radiosa società di eguali[147]".

Con una certo tono amaro, Bognetti, dunque, conclude:

"Chi riguarda oggi le varie manifestazioni della cultura weimariana è colpito dalla quantità di componenti utopiche o comunque prive di senso realistico che si ritrovano in esse. Le scorgiamo presenti nelle correnti culturali sia di destra che di sinistra [...] La cultura avrebbe dovuto lenire e rincuorare, invece esasperò[148]."

Bognetti reputa che la questione non possa dirsi comunque conclusa con la capitolazione degli eventi e l'evolversi delle situazioni successive a Weimar: la Repubblica weimariana ha un aspetto ancora più inquietante costituito dall'essere essa per noi simile ad uno specchio su cui difficilmente possiamo non riflettervi la nostra immagine. Malgrado sul terreno della filosofia le 'denominazioni' in voga siano oggi altre rispetto a quelle del tempo weimariano, di fatto, la "rivolta contro la ragione" ha continuato il proprio corso ed ha preso piede, diffondendosi a "macchia d'olio" sul globo[149], ma, soprattutto, su entrambe le sponde dell'Atlantico:

---

[147] Bognetti, cit., p. 160
[148] *Ibidem*, pp. 160-162
[149] *Ibidem*, p. 169

"In assenza di una solida e diffusa «fede nella ragione» fondata su teorie che rivendichino la capacità dell'uomo di assurgere al possesso di verità e valori non transeunti e ne spieghino convincentemente le premesse ontologiche [...] v'è sempre la possibilità che i mostri delle credenze utopiche e di quelle infantili risorgano magari sotto forme che ora nemmeno riusciamo ad immaginare[150]."

Il fallimento tragico della Repubblica di Weimar non fu dovuto a difetti istituzionali, ma ad un "ingorgo storico di forze confliggenti[151]". Una società che si basa sull' *io pensante individuale* punta ad un riferimento individualistico di ogni sapere e, per Bognetti, la rivolta contro la ragione non può che esasperare un certo individualismo ed un certo relativismo che ancora oggi possono avere conseguenze molto pericolose e degenerative. Le vie della "fede nella ragione" offrono, invece, una logica diversa poiché puntano ad una società che apprezzi le azioni individuali dell'*io pensante* per una loro intrinseca qualità e non esasperano i confini dell'ego, partorendo un *divino Io*.

Tale è dunque l'analisi di Bognetti, ma il discorso sui "perché" del Nazismo non si esaurisce di certo qui, essendo diverse e variegate le interpretazioni al riguardo ed essendo, anzi, un discorso del tutto aperto e destinato a rimanere tale ancora a lungo. In questa sede, si è scelta la lettura di Bognetti al problema soprattutto perché essa rappresenta il punto di vista di un costituzionalista che, nel contempo, analizza anche i rapporti tra cultura e giurisdizione i quali, come la storia della Repubblica di Weimar ha dimostrato, sono tutt'altro che scontati.

4. Silenzi e voci dissonanti

"Negli ambienti intellettuali" – *"era convinzione generale che*

---

[150] *Ibidem*, pp. 166-167
[151] *Ibidem*, p. 167

Hitler, giunto al potere, avrebbe abbandonato le molte sciocchezze che come 'suonatore di tamburo' si era attribuito, e tra esse annoveravamo anche l'antisemitismo. Ma dovevamo essere smentiti[152]! "

Questa è la testimonianza che Gadamer ci da' degli anni che lo videro studente e studioso presso l'Ateneo di Marburgo. Nelle parole che abbiamo appena letto si sintetizza il clima che forse si respirava all'interno delle pareti universitarie e che ad uno studente dell'epoca, malgrado la grave crisi economica del dopoguerra, contribuiva a dare una visione più fiduciosa ed ottimistica del futuro. In un simile contesto, ci fu, comunque, chi intuì per tempo le ombre di un regime che, paradosso voleva, era stato eletto democraticamente e, assieme a tali ombre, aveva anche colto la gravità di una certa situazione che iniziava a delinearsi, cogliendo, soprattutto, le perversità spirituali, oltre che materiali, non solo degli esponenti del movimento nazionalsocialista in sé, ma di tutto un contesto e di una cultura imperante che, in quel momento, poneva le basi di un'autentica tragedia e, guarda caso, a farlo, tra i primi, furono due raffinati lettori di Platone e di Aristotele: Stenzel e Jaeger. Nell'edizione del 1966 della traduzione italiana del *'Platone educatore'*, Gabrieli su Stenzel scrive:

'Il 'Platon der Erzieher' di Stenzel uscì nel 1928. Non si può non provare un senso di sgomento al ricordo dei miti, delle idee e degli uomini che stavano allora per prendere in mano le sorti della Germania, e parve un istante del mondo, mentre gli Stenzel e gli Jaeger additavano nei miti e nelle idee platoniche il più efficace modello della educazione singola e della vita della collettività. Julius Stenzel scomparve pochi anni dopo, nel pieno trionfo di quelle torbide forze irrazionali a cui Platone avrebbe guardato con orrore e disdegno, nell'imperversare di una tirannide di cui la sua

---

[152] Gadamer, 1977, p. 42

'Repubblica' ha adombrato alcuni aspetti, confermati per noi da una sofferta realtà. Oggi ridotti al silenzio i latrati ferini, è possibile tornare indietro e invitare all'ascolto della voce più alta della sapienza greca, e saggiarne i motivi di eterna validità. È giusto che nel fruire di questo sommo bene dello spirito sia onorata la memoria di quanti lo vissero in sé e osarono proporlo ad altri negli anni più difficili. Tra i migliori vi fu l'autore di questo libro (= Stenzel)[153]*. "*

Jaeger dovette, invece, espatriare, dopo essere stato sollevato dai suoi incarichi accademici, sia per aver preso le distanze dal regime nazista che per aver sposato una donna ebrea.

Entrambi gli autori hanno, in pari misura, approfondito quel particolare lato della lettura dell'opera di Platone che guarda come ad un *male* la scissione, spesso operata, tra il pensare e l'agire, nonostante l'opera dell'uomo sia *naturalmente* portata ad essere frutto di una integrazione del *pensiero* con la *prassi*. Dove manca tale integrazione, la prassi rimane priva della *luce* intellettuale, che sola può *orientarla* e, dove questa luce risulta assente, l'opera dell'uomo diviene preda degli istinti e terreno sterile per una meditazione profonda. Il Sole platonico, in una simile ottica, diviene, soprattutto, l'immagine del pensiero stesso e il tendere al sole diventa, così, esigenza al pensare. La prassi unita, quindi, al pensiero porta ad un cammino assai simile a quello compiuto dal prigioniero della Caverna verso la luce, ma, viceversa, una prassi che non s'integra col pensiero è destinata a divenire un'azione che collassa su sé stessa e destinata a compiere un giro completamente racchiuso all'interno del buio della Caverna e a ricevere il solo plauso da parte di quanti versano nelle medesime condizioni del tipo di prigioniero che non vuole spingersi oltre il buio. Il Bene resta, in questo caso, sconosciuto e la voce del saggio è coperta dal frastuono di una folla

---

[153] F. Gabrieli, in Stenzel, 1966, p. 7

acclamante, venendosi, così, a realizzare la "profezia
filosofica" che Platone aveva fatto nel passo 493b-493d
della *Repubblica*, e che, contrariamente a quanto vuole una
certa critica popperiana, pone il filosofo ateniese lontano
e agli antipodi di ogni pretesa totalitaria. Il regime *filosofico*
non è, infatti, un totalitarismo.

5. Breve quadro dei 'neoumanesimi' tedeschi

Forse in nessun punto geografico del XX secolo si
poteva parlare di rinascita dell'Umanesimo come nella
Germania degli anni '20. Riterrei opportuno riportare qui
una bella considerazione dello stesso Weitz:

*"Lo splendore di Weimar ha superato i decenni che ci separano dal
suo tramonto. La storia di Weimar ci riporta alla tragedia greca.
La nascita sotto una cattiva stella, l'esistenza travagliata, la
catastrofe al calare del sipario. E al pari di una tragedia greca,
Weimar ci invita a riflettere sul significato dell'agire umano:
l'impegno appassionato a realizzare qualcosa di nuovo e di bello che
sbocca nel male assoluto, inettitudine piena di buone intenzioni che
si accompagna alla sconsideratezza di chi avrebbe dovuto dar prova
di maggior cautela.*

*Weimar non ebbe molti eroi ed eroine in campo politico. E nessun
innocente, nessun figlio di Meda, nonostante pressoché tutti dagli
ufficiali dell'esercito ai comunisti indossassero il mantello
dell'innocenza violata. Weimar ebbe, tuttavia, talenti brillanti
impegnati a creare nuove forme di espressione culturale, dediti a
costruire una società più umana, alla ricerca del significato della
modernità[154]."*

Di ritorni a movimenti che, per caratteristiche e
motivazioni, oltre che per intenzioni, possono essere
accostati all'Umanesimo italiano, la storia ne conosce
diversi, in particolare, in questa sede, ricordiamo il

---

[154] Weitz, cit., p. 424

"Neoumanesimo" del teologo e pedagogista, oltre che ministro dell'Istruzione della stato di Baviera, Niethammer[155]. L'opera di Niethammer si situa nella prima metà dell'Ottocento a Jena dove questi insegna e dove ha come colleghi un certo Shelling ed un certo Hegel[156]. La pedagogia di Niethammer che, specie in questo, può essere molto accostata ad un gusto romantico e alla visione hegeliana del Tutto, mira ad eleggere l'educazione dell'uomo a formazione integrale dello stesso e non a semplice addestramento alla vita o, per usare termini più concreti, ad una 'specializzazione funzionale al quotidiano'. L'ideale di formazione, in Niethammer, può essere rintracciato solo nello studio della cultura classica finalizzato a fare propria la concezione dell'uomo in essa sviluppata. Il "Gymnasium", in sostanza, per Niethammer non deve formare *professionisti* (compito riservato, semmai, alle università), bensì *uomini* nel senso stretto della parola, esempi, vale a dire, di umanità validi per tutti i tempi. A potenziare certe convinzioni del neoministro bavarese sicuramente furono gli scavi archeologici inaugurati ad Ercolano, che riuscirono ad attrarre su di essi le attenzioni di buona parte degli intellettuali dell'epoca, fino a generare un entusiasmo tale da dettare legge in termini di arte e di posizione nei confronti della cultura classica vista come il *non plus ultra* dell'espressione umana, una cultura tanto grande da poter rendere passivo l'atteggiamento verso di essa sino a far nascere una forma d'arte, la neoclassica appunto, che finiva, talora, con l'essere più emulazione del passato che non modo di esprimere creatività ed originalità.

A mettere in crisi tale immagine idealizzata e idealizzante

---

[155] Enrico Berti, 1992, *'Scritti di didattica della filosofia - la filosofia e la cultura classica'*,
http://www.ilgiardinodeipensieri.eu/artdida1/Berti92.htm
[156] Una volta divenuto ministro dell'educazione del regno di Baviera, Niethammer nominerà rettore del Gymnasium di Norimberga Hegel che, per l'occasione, scriverà la famosa *"Propedeutica filosofica"*.

della classicità sarà sicuramente l'opera di Nietzsche, che allo spirito apollineo di armonia e perfezione delle forme contrapporrà l'anima irrazionale e impulsiva dionisiaca.

Stenzel e Jaeger poterono, invece, avere, dalla loro, la fortuna di fare tesoro della lezione dei limiti dello storicismo ottocentesco, delle critiche rivolte al neoclassicismo, ma, soprattutto, del bagaglio culturale che si era ormai andato sviluppando grazie alle interpretazioni nei riguardi del mondo classico e che svelavano i diversi aspetti eterogenei della grecità. Stenzel e Jaeger poterono tesaurizzare anche l'esperienza del naufragio dell'idealismo eroico del militarismo tipicamente prussiano.

Definiamo, pertanto, il "neoumanesimo" di Stenzel e di Jaeger come *filologico*, caratterizzato da un certo rigore del metodo di studio (Stenzel era, tra l'altro, un amante dello studio della matematica) e della presa di coscienza storica. Entrambi cercarono di reagire sia alla lettura neoclassica della grecità, che aveva consegnato un'immagine di "Classico" idealizzata, fuori dalla storia, priva, così, di concretezza e di contatti con la realtà, che ai limiti dello storicismo, il quale, inquadrando il fenomeno storico in maniera rigida dentro i limiti dello spazio e del tempo, finiva col relativizzare l'oggetto del proprio studio, appiattendo il valore di un civiltà al senso che avrebbe avuto *solo* all'interno della sua epoca e negandogli, pertanto, ogni valore duraturo. Il Neoumanesimo del XX secolo ha finito col portare avanti, quindi, un'autentica forma di "*lettura platonica*" della realtà e, con essa, del proprio tempo, una lettura nata nella drammatica cornice della Repubblica di Weimar che caratterizzò la vita di un movimento che poi venne frantumato e disperso per il mondo dall'arroganza di un regime. Il Neoumanesimo ha, comunque, condotto un *manifesto educativo* che, attraverso la lettura di Platone, ha inteso *resuscitare* e porre in essere una nuova immagine di *umanitas* che tornasse a dissolvere la dimensione politica nella filosofia e a dare a quest'ultima una precisa funzione pragmatica: guidare il moto dell'educazione. Platone rappresenta, per i neoumanisti, l'apice di un simile processo che essi denominarono "Paideia" e la teoria platonica del Bene finisce, così, col definire il punto culminante di ogni vocazione ad educare l'uomo nella sua globalità di essere razionale e di cittadino per non dire di "animale politico". L'educazione si conferma, così, essere una relazione tra sé stessi, ma anche tra sé e gli altri, un dialogo aperto tra *Io-Tu* la cui dialettica non può prevedere l'eliminazione di uno solo dei due poli per il semplice motivo che non punta all'annichilimento quanto ad una forma di *pacata* serenità, condizione indispensabile di quell'armonia che è alla base di un animo equilibrato e aperto alla meraviglia quanto spontaneo e vivace nell'uomo.

La ricerca di Stenzel e Jaeger risulta essere, dunque, un'approfondita indagine storica molto accurata e, nel contempo, creativa capace di cogliere il valore della classicità, partendo dal presupposto che solo analizzando i problemi posti dagli antichi e, soprattutto, i modi pensati da essi per risolverli e studiarli si può giungere ad avere una visione più chiara del nostro tempo e a valutare se le soluzioni proposte in passato possano continuare ad assumere valore anche per noi. La cultura classica, in sostanza, diventa, così facendo, quanto mai "nostra" e i problemi che la Filosofia aveva posto, sin dal suo nascere, risultano avere una peculiarità: l'essere pochi ed insoluti. Tanto Jaeger quanto Stenzel ritennero che la cultura greca culminasse nella Filosofia e la Filosofia, a sua volta, nell'ideale platonico della ricerca non di un bene, bensì del "Bene". La Filosofia tornava finalmente, così, ad essere la ricerca più vera della risposta alla domanda sul senso di essere ed esistere dell'intera umanità.

6. Il concetto di 'educazione'

Uno degli aspetti che maggiormente colpisce nella

lettura dei testi di Stenzel e di Jaeger è la scelta dei vocaboli per delineare il concetto di "paideia": Stenzel usa il termine *Erziehung* mentre Jaeger preferisce quello di *Formung*. Vorrei, a tal riguardo, affrontare una pur breve riflessione: generalmente, quando si parla di formazione dell'uomo, viene naturale usare, in lingua tedesca, il termine *'Bildung'* che, a ben riflettere, pare includere un significato che rinvia alla 'forza' (Kraft), alla potenza che è volontà e abilità a costruire, esigenza di formazione, passione, ma è anche viaggio motivato dal desiderio di approfondire e conoscere. La *Bildung* può anche dare l'idea della formazione accademica che si protrae poi sino all'età più matura. La *paideia*, invece, sembra rimandarci al 'pais', alla fanciullezza e al filosofo stesso che, con il suo spontaneo meravigliarsi, è assai simile, in fondo, ad un eterno fanciullo. L'*Erziehung* è, così, un termine che non solo è vicino al nostro 'educazione', ma anche, forse, a quello di 'paideia' stesso. Il termine *Erziehung*, al pari di quello di 'educazione', da', infatti, l'idea di un 'tirare/trarre da', una maieutica che dall'animo gravido trae il pargolo. Il *Bilder*[157] da' al blocco di marmo la forma che ha prima

---

[157] Che la 'Bildung', ad un certo punto della storia, inizi a non indicare più , come pure poteva essere originariamente, una mera "educazione di facoltà o di talenti", ma sia un concetto vicino anche all'autofomazione (una fase che, quindi, identifica un'età matura dell'individuo caratterizzata anche da libere scelte) finalizzata a dare (più che a trarre) un'immagine alla propria anima è chiaro anche in Gadamer il quale, in *Verità e Metodo*, scrive: *"Wilhelm von Humboldt, con la finezza che lo contraddistingue, coglie già perfettamente una differenza di significato tra 'Bildung' e 'Kultur':* «*quando nella nostra lingua parliamo di 'Bildung', intendiamo con questo termine qualcosa di più alto e insieme di più intimo, cioè quella peculiare disposizione spirituale che la conoscenza e il sentimento, intesi come atto di tutto lo spirito e di tutta la moralità, producono riflettendosi sulla sensibilità e sul carattere*». *'Bildung' qui non significa più Kultur cioè educazione di facoltà o di talenti. L'affermarsi della parola 'Bildung' richiama piuttosto l'antica tradizione mistica, per la quale l'uomo porta nella propria anima l'immagine ('Bild') di Dio, secondo la quale è creato, e deve svilupparla in sé"* (H.G. Gadamer, 2004, pp. 32-34). Secondo Gadamer, la 'Bildung' è una parola assai simile alla greca 'pysis': *"Come la natura, la cultura non conosce fini al di fuori di sé*

nella mente; l'*Erzieher* trae, invece, dal fanciullo l'essenza stessa del suo essere uomo, le sue inclinazioni, le sue verità.

È interessante notare come sul finire degli ultimi anni dell'"800, in pieno clima guglielmino, circolasse un'opera anonima[158] che tanto successo pare aver riscosso fino ad arrivare, oramai anticipata da una fama conclamata, all'età hitleriana come un'opera di chiara influenza, che, rivolgendosi al mondo estetico e critico dell'arte, di fatto anticipava le stesse teorie nazionalsocialiste sull'uomo: il *Rembrandt als Erzieher von einem deutschem*[159]*.* Il libro analizzava le muscolose e carnose membra dipinte dal grande Rembrandt, quello stesso Rembrandt che pure, con le *'Lezioni di anatomia del dott. Tulp'*, aveva svelato al mondo degli esteti cosa c'è veramente nel corpo dell'uomo e non di un singolo uomo, bensì dell'uomo in quanto uomo i cui muscoli, belli a vedersi all'esterno, sono un'immagine che rinvia ad un'altra realtà molto diversa. La verità scientifica, contenuta dentro l'anatomia del corpo dell'uomo, rende ogni singolo individuo simile ad un altro essere umano che abita la terra, proclamando, dunque, quella che poi si sarebbe scoperto essere l'esistenza di una sola ed unica specie umana. L'opera dell'Anonimo (Langbehn) ricavava, però, dall'analisi dei quadri di Rembrandt una lettura molto diversa, ma, soprattutto, retorica, affermando che quelle stesse figure di rembrandtiana memoria andassero, in realtà, a raffigurare il vero teutone, autentico uomo di Germania, il 'Deutsch' per eccellenza, ariano nell'essenza e dominatore di popoli e di nature per vocazione.

È possibile che Stenzel avesse letto, con un certo

---

stessa." (Gadamer, ibidem, p. 34)
[158] L'autore del *Rembrandt als Erzieher* ha, in realtà, un nome ed è Julius Langbehn. Essendo la sua opera più celebre uscita come anonima e recando il sottotitolo *von einem Deutschen*, si era, all'epoca, diffusa l'abitudine di rivolgersi all'autore come al "Rembrandt-Deutsche"
[159] JULIUS LANGBEHN, 1928

tremore, quest'opera che, col tempo, era divenuta sempre più cara ad un certo pubblico tedesco? È lecito supporre che ci sia anche questa lettura dietro la scelta del termine *Erzieher* da porre accanto a Platone, quasi come se si volesse creare, in questo modo, una opposizione tra i modelli culturali rappresentati dal *Rembrandt als Erzieher* e la stessa *paideia* platonica, vero esempio, nell'ottica stenzeliana, dell'*Erziehung* oltre che modello indiscusso di quella stessa classicità che sta alla base della cultura occidentale europea e non solo tedesca.

La *Bildung* è, infatti, un'autentica 'strutturazione', un modellare quel materiale umano e spirituale, al fine di renderlo plasmabile (dare, quindi, un'immagine, una *Bild*, al proprio animo); l'*Erziehung* punta, invece, ad una dimensione che è, nella sua sostanza, fondamentalmente 'a priori', nel senso che tende a *tirare/trarre* dall'essenza dell'uomo quel terreno su cui si può innalzare una struttura. Non può, infatti, una struttura o un paradigma reggere quando è privo di una base solida, di un terreno su cui poggiare e l'*Erziehung* punta proprio a trarre il 'terreno' umano su cui implementare un *logos*. La *paideia* parla, così, alla spontaneità dell'uomo, alla sua facoltà di meravigliarsi e, al pari di come si fa con i fanciulli, a porre davanti agli occhi della mente quell'apparentemente ingenuo interrogativo del *"Che cos'è?"*. La *paideia* non punta, infatti, tanto a dare risposte né, tantomeno, mira ad indicare dove trovarle, la *paideia* parla a quella precisa ed interiore parte dell'uomo che sa porre le domande sull'Essere, le domande più semplici ed elementari, ma sostanziali che racchiudono il cuore delle cose che sono. La *paideia* pone, infine, dubbi e domande e non *insegna*, bensì *trae* da noi la facoltà di porre quesiti e, successivamente, di affrontare ragionamenti. Teeteto è gravido quando espone i suoi dubbi e non perché punta a dare delle risposte ed è gravido nella sua spontaneità di partorire quelle domande che ha dentro, nella parte più profonda del proprio animo. Quando l'uomo si accosta all'Essere per la prima volta, quando prova le sensazioni di un autentico *stupore* che ferma e blocca la mente in quell'attimo in cui esso scopre la luce che dal sole penetra nell'oscurità della caverna e acceca l'occhio che non è *abituato* alla luminosità, in quell'istante la filosofia ci dice che per essa è giunto il compito di diventare *paideia*, suggerendo all'uomo che è il momento di porre a sé stesso la domanda del *'Che cos'è?'* per reclamare un proprio ed autonomo spirito di critica e di azione. Con la domanda del *'Che cos'è?'*, l'uomo si riscopre quale essere libero che non accetta più di accogliere il pre-dato, ma intende carpirne l'origine. L'uomo pone domande e con esse pone la sua ferma decisione a non accontentarsi, a reclamare, anzi, il diritto di conoscere la verità. Con una domanda e non con una risposta ricevuta, l'uomo ha iniziato ad esser libero e a *voler* essere libero. La facoltà di domandare e di dubitare è, così, la testimonianza della libertà dell'uomo e della sua ricerca, che, in questo senso, non muove a voler ricevere paradigmi e quadri su cui poter modellare il proprio essere, bensì a chiedere cosa c'è dietro *quel* quadro e *quel* paradigma. La perfezione rembrandtiana del suddetto "Anonimo" poteva, in fondo, essere analoga ad un modello di perfezione che tale era reputato dal prigioniero della caverna che, nel famoso mito, non sente di accettare le parole di chi gli dice che le cose reali non seguono, in verità, i modelli delle ombre che egli costantemente guarda, ma che oltre quelle ombre, dietro di esse, v'è un'altra realtà che annulla quanto viene meccanicamente impartito e recepito. Socrate puntava ad una ricerca infinita che non avesse mai la parola "fine" e, pertanto, non si limita mai a dirci che le cose stanno in un modo o in un altro. Jaeger, a sua volta, probabilmente, sceglie il termine *Formung*[160] proprio per suggerirci un

---

[160] *"L'equivalente latino di Bildung è formatio, a cui corrisponde, in altre lingue, per esempio, in inglese (Shaftesbury), 'form' e 'formation'. Anche in tedesco le derivazioni corrispondenti del termine forma, per esempio 'Formierung' e*

processo *in fieri* e non un percorso strutturato che ha un inizio ed una fine certa lungo una strada di modelli pre-stabiliti. In un simile discorso, non mancano tappe ritenute fondamentali nella formazione greca e in quella platonica in generale, tappe che coincidono con sequenze educative ben precise: c'è la ginnastica come c'è la musica etc., ma, alla fine, il punto centrale della paideia è quel *'Ti esti;'* che guarda all'uomo come all'ente capace di mettere ogni cosa in discussione e di aprire l'animo al momento filosofico per eccellenza: la *domanda sull'Essere*. La *Formung* da', appunto, l'idea di un ciò che prende per la via una *forma* mentre l'*Erziehung* è, come è stato prima detto, un termine assai vicino al concetto di *maieutica* socratica. L'uomo, nelle proposte culturali che gli vengono sin da fanciullo poste, è messo nelle condizioni di essere, così, egli stesso il protagonista principale della propria educazione/formazione, di accettare, ma anche di mettere in discussione quanto gli viene posto. La *paideia* non è, dunque, *indottrinamento*, ma è *cura dell'anima* e i paradigmi che essa propone sono idee da discutere, oggetti del filosofare e la filosofia recupera, così, quella trascendenza che riporta l'uomo al *punto zero*, al momento culminante in cui si avvicina, per la prima volta, all'oggetto del conoscere e, quindi, a quel preciso istante in cui ha, con le proprie domande, aperto la mente alla realtà che ha inteso indagare. Non vi sono pre-ottiche e pre-venzioni nella *paideia,* ma in essa è implicito, appunto, un concetto di 'cura dell'anima' e tale cura ha intenzione di ricondurre il soggetto a non sentirsi alienato da quel che studia, ma immerso in quel che osserva nella contemplazione di un abbraccio *erotico* tra parola e pensiero, azione e riflessione, individuo e collettività.

'Formation', fecero concorrenza, per lungo tempo, al termine 'Bildung'. [...] Dalla consuetudine di appiattire il divenire sull'essere dipende il fatto che 'Bildung' (come l'altro termine moderno 'Formation') stia ad indicare piuttosto il risultato di questo processo che il processo stesso' (GADAMER, *op. cit.*, p. 33)

La *Bildung* è un valore romantico che guarda all'adolescenza dell'uomo, al suo desiderio di avventurarsi per le vie del mondo e al suo rapporto tra giovinezza ed età matura, l'*Erziehung* e la *Formung* guardano, invece, piuttosto alla fanciullezza in quanto momento filosofico per eccellenza poiché essa è precisamente l'età del più spontaneo e ingenuo porre la domanda fondamentale e innata nell'uomo sull'Essere: *Ti esti;*

Il filosofo mantiene il proprio desiderio di farsi *eterno,* tutelando una propria fanciullezza di fondo che lo induce sempre a compiere il passo della *domanda sull'Essere* e guarda, quindi, al filosofare come al processo del continuo educare ed educarsi. Non esistono forme umane e modelli dati dall'uomo per l'uomo come l'Anonimo del *Rembrandt* voleva porre quali fonti di ispirazione ed esempi da emulare, sino a modellare su di essi un'intera società. Per il filosofo, le forme verso cui dirigere quella vocazione *erotica* che Platone stesso ci delinea quando descrive ciò che induce le nature filosofiche ad amare tutta quanta, "in ogni sua parte", la verità, sono forme eterne, trascendenti e *altre* dalle passioni umane. Le forme dell'Essere non sono archetipi culturali della mente dell'uomo e della società in cui questi vive, le forme dell'Essere sono, soprattutto, idee, paradigmi eterni, verità scientifiche e, come tali, fondamenti della scienza dell'Essere e la Verità, si sa, è tale in quanto è vera e tutti possono esprimerla: gli sciocchi come i savi, i robusti come i fragili, i vecchi come i fanciulli...

7. L'originalità di Platone nella lettura di Stenzel

Stenzel sottolinea esplicitamente come nessun filosofo sia suscettibile "in modo così originale[161]" di svariate interpretazioni come Platone. Per tutta la sua vita, il nostro ateniese ha esposto la propria dottrina, *incarnandola*

---

[161] STENZEL, 1966, p. 13

in uomini come Socrate, Adimanto, Glaucone, Alcibiade, Timeo etc. ovvero in tanti uomini al pari di come tante sono le professioni che spesso questi rappresentano: dal retore all'artigiano, dal politico al musico, dal poeta al filosofo. La varietà del paesaggio che si riversa nei dialoghi platonici è, così, un meraviglioso spaccato di quadri sociali:

"Queste persone si intendono fra loro nelle forme infinitamente varie del dubbio e dell'assenso, della ripetizione e della convalidazione, dell'ammaestramento sollevantesi a sempre maggior chiarezza, e non nella scuola, bensì nella società della vita quotidiana[162]."

La vita quotidiana è, quindi, l'anima stessa del filosofare platonico, una vita di cittadini, di *piazza* e di mercato, con i propri linguaggi, i propri modi di dire, il proprio modo di comunicare. Platone mette in bocca a calzolai, vasai, tessitori le battute che danno adito a profonde discussioni filosofiche e, attraverso analogie e metafore con mestieri e vite diverse, si sviluppano, sulla via del discorso, i più complessi concetti filosofici. Con Socrate e con Platone, la filosofia entra nella "piazza" o, per meglio dire, la "piazza" entra nelle filosofia. Anche per tale ragione, potremmo definire quella platonica come una filosofia 'cittadina' e dunque *politica* dove la figura d'uomo che ne esce non è un'immagine retorica simile a quelle che vediamo in un quadro di *rembrandtiana memoria*, immobile nella sua plasticità, ma è la figura di un tipico uomo comune, colto nel proprio meravigliarsi, come nel proprio adirarsi, e, ancora, nel proprio compiacersi, arrossire, innamorarsi etc. Con ragione, pertanto, Stenzel afferma che *"con Socrate la personalità fa il suo ingresso nella storia[163]"*. L'educazione cittadina e politica di Socrate e di Platone

---

[162] *Ibidem*
[163] *Ibidem*, p. 17

non è, pertanto, un'educazione pseudoestetica o pseudoartistica, non ha nulla che possa anche lontanamente essere accostata con l'Anonimo del *Rembrandt*, ma è, più direttamente, un'educazione che vuole aprire alla riflessione profonda sul Male e sul Bene per cui la teoria del Bene, in Platone, diviene caposaldo di tutta la sua *paideia*. Stenzel evidenzia come nell'elaborare la propria *paideia,* Platone restò fortemente influenzato dalla poesia omerica e questo, malgrado lo stesso Platone critichi Omero e metta al bando dallo Stato la visione omerica del Divino, con la relativa religiosità popolare. Platone, tuttavia, rimase sempre all'interno dell'orizzonte omerico e i valori della *paideia* poetica arcaica rivivono, anzi, nella sua visione di uomo e di comunità: la beatitudine degli dei, l'inaccessibilità del Fato e della superiorità divina, il contrasto tra la felicità degli dei e il travaglio umano e, soprattutto, il confronto tra la sfera del dio e il piano dell'uomo sono tutti temi che ricorrono, appunto, in Platone come ricorsero anche in Eschilo e come, più tardi, ricorreranno in filosofi come Epicuro.

L'Achille omerico accetta l'infelicità dell'uomo, ma agisce e patisce del destino umano, rifiuta, con forza, di starsene passivo, stabile e *in pace*, vestito da donna, dentro i confini di un'isola. Per Stenzel, *questo* Omero anticipa Platone e il talora massiccio intervento degli dei nella vita umana cui assistiamo, leggendo i poemi omerici, pare non essere affatto lontano dalla riflessione platonica in cui il pensiero pare un effettivo dono divino. In Omero, gli interventi degli dei, ad uno sguardo più attento, vengono ricondotti tutti ad eventi naturali e psicologico-umani; in Platone l'attitudine umana a pensare è, invece, quasi sublimata in una sfera eroico-divina. I valori del Bello e del Buono sono, infine, tanto in Omero quanto in Platone, presenti al pari delle stesse insoddisfazioni ed infelicità umane e, quindi, tali valori sono i beni massimi cui anelare quando si versa in uno stato di carenza.

8. Piacere ed Eros nella politica platonica

Una "linea" unisce il concetto di *Bello* a quello di *Bene*. Nell'ottica di una cultura che si fonda sul *kalos kai agathos*, principio per cui "ciò che è bello è buono" e "ciò che è buono è bello", Platone costruisce la propria idea di Stato, basandosi precisamente sul sentimento del Bello, sentimento che si chiama 'Eros'. È *Eros* a muovere le fondamenta della comunità come è *Eros* a dirigere i passi del saggio verso gli uomini ed è, infine, *Eros* la fonte da cui sgorga una vera comunità filosofica e, con essa, l'esigenza di una politica che diventi sana e che si fondi, quindi, con la filosofia. Stenzel individua nel binomio *Simposio/Repubblica* la chiave ermeneutica della dottrina platonica e, nelle pagine del VI e del VII libro della *Repubblica*, avverte gli echi delle parole di Diotima. La *Repubblica* è, così, senza ombra di dubbio, l'opera della *paideia* platonica, ma è anche il punto di approccio di un intero percorso teoretico che vede nel *Simposio* e nel *Fedro*, ma anche nel *Menone*, alcune tappe principali. Nel passo 508e della *Repubblica* si afferma chiaramente che il Bene non è il piacere, ma va *oltre* il piacere; il Bene è una *"amechanon kallos"*, una "bellezza irresistibile", che procura conoscenza e verità, ma, nel contempo, le supera. Il piacere può essere molla dell'azione, ma l'obiettivo è *oltre* una mera soddisfazione edonistica. Stenzel scrive che l'Idea del Bene *"spinge il sapere all'azione e stringe tutti gli uomini in un'azione comune[164]"*. Virtù è, così, sapere e, come tale, qualità assai diversa dal piacere che invece è interamente racchiuso nella dimensione di un *istante*. L'atarassica rinuncia al contingente, all'istante stesso, in vista di una pacata serenità, che vada oltre la chiusa temporalità, muove profondamente il saggio verso un'azione che è soprattutto inesauribile ricerca di un qualcosa che sia vero, dando, così, un significato *erotico* al

---

[164] *Ibidem*, p. 256

pensiero filosofico. Il piacere che scaturisce dalla contemplazione della Verità, dalla *chiarezza* che la Verità offre, è un piacere che si pone *oltre* i confini dell'istante per anelare all'eternità. L'*Eros* è, in fondo, *edoné*, ma l'*edoné* dell'*Eros* non è puro godimento di un momento, bensì volontà di farsi e di divenire "eterni" e di protrarre la propria specie nel tempo. *Eros* è desiderio di immortalità, sentimento che spinge *chi non sa* a desiderare di sapere, il brutto o comunque il non bello ad accostarsi al bello, il vecchio al giovane, il carente di vita alla pienezza dell'esistenza e, quindi, al Bene. L'armonico, eracliteo, sistema dei contrari vive nell'*Eros* platonico una nuova e globale forma di gioia che spinge Platone stesso a spostare l'attenzione dell'individuo verso la comunità, dal particolare al globale. La comunità di cui Platone parla è, così, per Stenzel, soprattutto una "comunità di conoscenti" che, come tali, hanno parimenti bisogno della *luce* e di ciò che genera la luce ovvero il sole. In questa comunità, ogni singola persona da' l'avvio ad una *"viva e gioiosa azione*[165] *"* che interagisce con altre in quello che è un dialettico e reciproco scambio. Il sapere diventa, così, forza educativa e la comunità prende, nella vita dell'individuo, il posto che il sole occupa in natura poiché produce, effettivamente, una forma di luce, affidando all'individuo un ruolo e dando a questi un senso di vivere, ma, soprattutto, la comunità riempie uno spazio spirituale che induce i singoli ad una certa intesa. L'amore per la verità e per il vero sapere è spirito di profonda coesione all'interno di una comunità che, così, brilla di luce propria e la dottrina platonica spinge ad un forte incremento in favore di una sintesi dell'individuo con la società. Diventa, allora, emblematica la famosa divisione del lavoro del II libro della *Repubblica* e qui Stenzel fa notare come gli organigrammi e il modo di organizzare il lavoro nell'età contemporanea, di fatto, costituiscano un insieme di

---

[165] *Ibidem*, p. 270

degenerazioni estreme[166] dello stesso concetto di 'divisione del lavoro' di cui Platone fu il primo teorizzatore della storia. Nella divisione platonica del lavoro entra, infatti, in modo decisivo il senso del vissuto di una singola persona ed ogni individuale azione di questa partecipa a ricreare un'armonia del Giusto dove ciascuno riesce a trovare un *proprio* ruolo che permetta di realizzare la *propria* parte e di divenire, così, partecipe finalmente dell'Idea di Giustizia. Il singolo individuo è, nella filosofia platonica, altamente nobilitato nel sentirsi parte decisiva ed integrante dello sviluppo umano, nel vivere in una società che dia la possibilità di seguire pienamente quelle che sono le naturali inclinazioni dell'uomo e dove alla propria soddisfazione possa corrispondere un miglioramento per la comunità. Il singolo uomo non è l'*Essere* e non può sperare di poter rispecchiare ed inglobare, nella sua sola e labile individualità, la pienezza dell'Essere che, in compenso, si manifesta nell'intera cooperazione tra gli uomini. Da questa visione "politica" dell'uomo si ricava la sostanziale differenza tra un piacere cinetico e contingente ed un piacere vero ed eterno:

"Il senso di partecipare ad una vita trascendente porta con sé un piacere che supera tutti i piaceri e le gioie individuali e che è effettivamente 'il Bene', che ognuno vuole, deve e può realizzare, quando vinca in sé la doxa individuale, e faccia luogo a quella sua più profonda volontà che libera energia del Tutto, e che crea la libertà vera[167]."

Stenzel richiama, così, a due diversi e contrapposti eccessi, a due *'ismi'*, le cause che possono inficiare l'armonia della divisione platonica del lavoro e della stessa organizzazione di una comunità di amanti del Vero:

---

[166] *Ibidem*, p. 271
[167] STENZEL, 1966, p. 272

l'altruismo e l'egoismo.

"Da un tale complesso organico di vita risulta un atteggiamento etico lontano tanto dall'altruismo quanto dall'egoismo. Quello esige rinuncia a determinati vantaggi personali in favore di altri, questo viceversa cerca felicità e gioia a spese degli altri. Platone contesta addirittura il sussistere di tali possibilità. Non vi può essere per il singolo felicità duratura che non promani dal consenso di tutti, né sacrificio sensato per altri o per il Tutto, che non corrisponda insieme all'intima essenza del singolo. Tali sforzi estremi sono innaturali e contraddicono alla natura del Tutto. Sono come movimenti e tensioni inutili, superflui e perturbanti entro un organismo fisico senza giovamento alcuno, che debbono perciò essere dissolti ed equilibrati[168]."*

La grandezza dell'uomo si manifesta in un *Eros* non verso le proprie cose, ma nei riguardi della Giustizia, nell'esigenza di soddisfare un proprio, intimo, bisogno di verità, che coincide con quel particolare senso di giustizia che dovrebbe animare e mantenere in vita un'intera comunità di uomini. Anche per Stenzel la politica platonica e la teoria del Bene culminano, pertanto, in un problema religioso e il Divino in Platone si configura, essenzialmente, come 'Idea'.

L'*assimilazione al dio* non porrebbe, però, l'uomo in un rapporto diretto col dio stesso: per quante illuminazioni ed estasi l'uomo possa, nella sua esperienza, vivere, egli resta, infatti, comunque un ente naturale che non potrà mai pretendere di avere un rapporto alla pari, 'a tu per tu', col dio. L'uomo vivrà la propria realtà sempre all'interno dei confini di una *sua* comunità, ma il mondo e la comunità di uomini accoglieranno, comunque, la presenza del Divino: le stesse esigenze di una comunità costituiscono, infatti, la strada e l'occasione per poter fare il *Bene*, realizzare la giustizia e, quindi, potersi rapportare al

---

[168] *Ibidem*

dio.

La comunità è il filtro, il temine medio, tra uomo e dio e, in questo aspetto della dottrina platonica, Stenzel ravvisa gli echi del detto di Talete *"Tutto è pieno di dei"*. Il rapporto uomo/dio è impensabile senza il rapporto "uomo – comunità – Dio" e lo stato platonico è, così, concepito come l'unione della coscienza del singolo col destino della propria comunità. Tutte le "comunità di sentimenti" postulate dopo Platone sono, pertanto, per Stenzel solo un "accrescimento in potenza[169]" di quanto Platone aveva potuto porre nella sua *trilogia* di: pensiero umano, cooperazione di una comunità e assimilazione al dio. Il Bene è, per questo motivo, 'Idea' che trascende e racchiude la massima pienezza dell'Essere e pone, nel più alto livello di trascendenza aperto all'uomo, il piano stesso del "dovere" pronto a richiamare, al tempo stesso, il senso di un limite e di una libertà nate per l'uomo e da questi tramandate.

9. Dall'aspetto linguistico all'ambito teoretico-scientifico

La comunità, al pari di come il sole è fondamento e nutrimento del Divenire, dà, dunque, un *senso* alla vita dell'individuo. Stenzel non esita a dichiarare che Platone avrebbe voluto colmare la scissione tra lo Stato e la 'comunità dei sentimenti', ponendo l'esigenza di una scienza intesa come oggettività stabile e fissa. Per Stenzel, noi contemporanei saremmo come 'viziati' dai mutamenti che, nel suo corso millenario, il progresso ha impresso fino a modificare la 'forma' della scienza e, quindi, abbiamo, oggi, più d'una difficoltà nel cogliere subito il significato stesso di scienza in Platone. La teoria platonica delle idee non può essere separata dalla complessità di un piano programmatico della *Paideia* fondata, a sua volta, su

---

[169] *Ibidem*, p. 275

una teoria dell'uomo "per sé preso". Il saggio viene incrementato a proseguire quando motivato da segnali che indicano che il suo *ben agire*, avvantaggia la comunità e il suo guadagno interiore consiste proprio nell'intima soddisfazione che emana dalla coesione tra individuo e società. Il *Nous*, che prepara il terreno e che crea tutte le condizioni per una simile coesione, riposa su una 'idea di divino[170]', venendo, così, a prender forma sempre più la triade individuo-comunità-Dio dove la comunità si interpone tra il singolo uomo e il dio e dove, servendo la comunità, l'uomo si avvicina alla sua 'certezza'. Il problema più autentico non è, allora, capire cosa sia il Falso, bensì giungere ad una *certezza* e tale *certezza* è data dal dispiegarsi dell'azione dell'uomo verso la comunità. Ritorna sempre una forma rinnovata di "utilitarismo" nel quale è il vantaggio della comunità, ancor prima del proprio tornaconto, ad essere il fine principale da perseguire. Il percorso è costituito da quattro principali tappe: *fatto, conoscenza, esperienza, scienza*. Esso deve prendere una via unitaria come il passo della linea sembrerebbe suggerire in cui lo *stile mentale* che l'uomo deve assumere pare tipico di un essere che vive nella dimensione dei 'fatti', che vede compiersi attorno a sé quelli che sono i 'fatti' e dai 'fatti' ricava, infine, le proprie congetture e ipotesi oltre che le proprie opinioni e credenze. Partendo dai "fatti", l'essere umano muove, però, a conoscerli, ad esperirli e avverte, per tale ragione, la necessità di fondare una *scienza*. A questo punto, Stenzel dedica particolare attenzione alla questione della lingua, così come nel *Cratilo* veniva delineata dove, al pari della spola per il tessuto, la lingua è strumento per lo "sceveramento dell'Essere[171]" nella medesima misura di come lo è per la pratica dell'insegnamento. La lingua, però, non è l'*Essere*, ma, soprattutto, il 'prodotto' di

---

[170] *Ibidem*, p. 277
[171] *Ibidem*, p. 278

un'intera comunità. La lingua nasce e si evolve all'interno di una comunità, giocando un ruolo non solo di relazione, ma anche di insegnamento. Per Stenzel la scienza è *"la prosecuzione organica di un processo di intesa, introdotto dalla lingua e nel quale noi creiamo i presupposti indistruggibili di un mondo vero cioè a tutti noi comune[172]"*. Per Platone, però, una certa filosofia avrebbe fatto un abuso della valorizzazione della lingua e la dottrina delle Idee costituirebbe una risposta a tale abuso dove la lingua non è affatto un termine ultimo fine a se stesso, ma torna ad essere *espressione del pensiero*, serbando in sé un'unità ben più alta quale quella, appunto, del pensiero che, parimenti al rapporto sole/luce/vedente, giunge a dare *significato* alla lingua. La spiegazione dell'Essere può vedersi realizzata tramite l'uso del *logos* dove il pensiero critico e razionale mantiene autentica padronanza di ogni spiegazione. Quei filosofi che hanno finito col dare una esagerata importanza all'etimologia, alla linguistica, ai giochi di parole si ritroveranno, così, delusi nel realizzare che la lingua non è la risposta ultima e definitiva, ma è mescolanza di sensi profondi e di mere accidentalità. La lingua è, infine, singola parola emessa da un singolo individuo come pure è *dialogo*, colloquio vivo, dialettica, confronto ed anche schema di domanda e risposta, moto annodante di proposte e di controproposte, pareri, obiezioni, punti di vista etc. Nello schema della domanda e della risposta, la parola finisce col non appartenere più al singolo, ma a due o più interlocutori poiché la lingua è il riflesso incondizionato di un'intera comunità. Per Stenzel, come per Platone, questa è la dimostrazione che la lingua accenna costantemente a qualcosa che è *al di fuori* di essa e tutte le sue preposizioni sono la base di un'organizzazione unitaria simile ad una sorta di "regno di veri e puri significati[173]" dove tali significati hanno una valenza

---

[172] *Ibidem*, p. 278
[173] *Ibidem*, p. 279

diversa dalla tanto mobile e volubile *doxa*, rimanendo 'fissi' per quanto le parole possano mutare all'interno di un fluente discorso.

Platone scorge, dunque, costantemente un contenuto spirituale dietro i segni sensibili e, per quanto i sofisti possano esercitarsi a cercare di costruire relativismi vari sul linguaggio o sui vari tipi di linguaggio, tali esercizi restano come la polvere che fa diventare bianca o grigia la superficie di un piano che ha un altro colore, ma senza modificare il colore o l'essenza di quella stessa superficie. Nessuno nega che l'uomo sia libero, talmente libero nella sua essenza da poter chiamare, in qualsiasi probabile angolo del pianeta, 'cerchio' una forma quadrata o triangolare oppure di usare un'altra denominazione per riferirsi ad essa, ma non può in alcun modo modificare l'essenziale caratteristica di quella stessa forma. Le parole, infatti, hanno la sola caratteristica di 'riferirsi' e non di modificare.

"Il filosofo" – scrive Stenzel – *"coglie il senso del reale dovunque lo incontri. Egli vede che una determinazione di senso, un riferimento all'ideale, sono ovunque necessari, che gli appigli ad esso sono ovunque rinvenibili in tutta quanta l'esperienza[174]"*

10. La linea e la caverna

Personalmente, tendo, nel tempo, a rimanere sempre più colpito dallo stretto nesso che lega il passo della linea del VI libro al mito della Caverna del VII. La ricerca della luce e le sequenze che scandiscono tale ricerca, che induce i prigionieri ancorati a delle catene a liberarsi da esse fino ad aprire gli occhi al cospetto del sole, è la concretizzazione del discorso, decisamente più astratto, del passo della linea. La linea richiama una certa gradualità nel procedere; la caverna ci riporta verso un quadro a noi

---

[174] *Ibidem*, p. 285

più accessibile nel suo esplicarsi e ci suggerisce, in modo più diretto, l'immagine della *fatica*. Dietro tutto il percorso che separa il prigioniero dalla caverna alla sua più completa liberazione, vi è tale forte *senso di fatica*, di energia da riversare nell'impresa, di autentico *sforzo*. Intravvediamo la medesima fatica e il medesimo sforzo anche nel passo del *Fedone*[175] riguardo a quella strana creatura che riesce a risalire dagli abissi del mare verso la terra illuminata dal sole, quel sole che subito la sorprende, quasi a commuoverla, con la varietà dei colori che la sua luce consente. Il ragionamento matematico va avanti per gradi, la ricerca dell'uomo fa sì che per l'essere umano la gradualità si trasformi in fatica, in pazienza, in uno spirito non arrendevole. Stenzel preferisce, però, sottolineare sempre più il lavoro del matematico e, in particolare, quell'aspetto del lavoro che consente al matematico di partire dai generali principi logici, oramai acquisiti, per dare un significato, ma anche una certezza ed un'esattezza di fondo ai gradi più inferiori ed ai teoremi più particolari. Come avevamo visto per Paci, anche in Stenzel il discorso dell'inferiore e del superiore o, meglio, della dialettica ascendente e di quella discendente acquisisce un ruolo basilare per l'ermeneutica platonica. Il linguaggio è, in tale ordine ascendente/discendente e generale/particolare, assai simile alla matematica, basti pensare alla generalità di un termine quale quello di 'arte' che può essere utilizzato per indicare l'opera e l'attività del pescatore e del vasaio come quella del pittore o dello scultore.

Basandosi sul ciò che si vede, si nota e si tocca, la vita ordinaria passa a trascorrere buona parte del proprio tempo nella *pistis*: accoglie un dato e ne costruisce sopra una "*eikasia*". Eppure anche la *pistis* ha necessità di riferirsi costantemente ad un grado più elevato, ad usare diverse parole per giungere ad una certa generalità e l'esigenza di rappresentare il Bene, di possederlo, rientra pure tra le

---

[175] *Fedone,* 109 c-d

esigenze della stessa *pistis*. Il problema, però, è che tutto viene limitato a questo e a quell'*interesse* immediato del singolo e muore con esso. L'*episteme*, invece, appartiene ed è originata solo da un autentico moto del filosofare:

"Mi sembra che tu stia affrontando una questione complessa nell'intento di dimostrare che la parte dell'Essere e dell'Intelligibile contemplata dalla scienza dialettica è più evidente di quella contemplata delle cosiddette arti che hanno come principi delle ipotesi, in effetti coloro che studiano l'Essere attraverso le arti sono costretti ad usare la riflessione, non i sensi[176]."

Queste parole leggiamo alla fine del VI libro e in esse parallelamente trapelano gli aspetti della gradualità, sia ascendente che discendente, ma anche della fatica che accompagna l'opera dello studioso e della scienza stessa. Stenzel nota:

"Avendo contemplato gli originali, il vero senso della giustizia e del Bello, essi riconosceranno rettamente anche le copie ovunque le incontrino e così potranno sollevare a un senso desto la vita di tutti[177]."

Chiaramente il piano dialettico, operato nell'arco dei libri VI e VII della *Repubblica*, pone come netta separazione l'educazione estetica (ginnastica, musica etc.) da quella prettamente scientifica dove il principio 'virtù è sapere' riceve un certo senso unitario in cui ogni opera dell'uomo deve essere presente in ciascuna parte del proprio essere. Il nemico principale da individuare non potrà, allora, che essere quell'individualismo eristico che svia dalla strada rappresentata da una buona *paideia*. Stenzel conclude, pertanto, respingendo la critica di intellettualismo spesso mossa a Socrate e a Platone: la scienza è, infatti, per

---

[176] PLATONE, *Resp*. 511 c, trad. di G. GIARDINI, cit., 1997, p. 347
[177] STENZEL, p. 287

Platone, prima di ogni altra cosa, arte di un durevole apprendere e il sapere, al quale Platone ascrive capacità educativa, è solo in questo modo che spinge *"la parte migliore dell'anima alla contemplazione della parte migliore delle cose[178]"* e, di conseguenza, ad una propria intima autodeterminazione. La felicità suprema non corrisponde ad un mero intellettualismo fine a sé stesso, bensì alla consapevolezza di avere esplicato un certo profondo dovere nei confronti della società ovvero di aver trasmesso ad altri la *paideia* e, con essa, le proprie conquiste, i propri sforzi, la propria memoria. Il dare se stessi e i frutti del proprio sforzo ad una comunità è cosa ben diversa dall'indurre la comunità ad involversi nell'affidarsi ad un dato ego o ad un mero principio ideologico di apparente potenza.

11. La "teologia platonica" in Jaeger

La via scelta da Platone per la sua *paideia* – ci fa notare Jaeger – è una strada lunga che punta ad un *valore alto* che giustifica la lunghezza del percorso. Un simile *valore alto* ha una valenza quasi divina e Jaeger non esita a definire Platone il primo "teologo" della storia senza il quale, anzi, della teologia non esisterebbe né il nome né il cognome[179]. La strada da percorrere per giungere al punto più alto della *paideia* è la medesima distanza che separa il piano umano dal Trascendente o, se si preferisce dire, Divino. Il Bene platonico ha, pertanto, per Jaeger, un carattere prettamente divino e l'espressione 'Idea del Bene' racchiude quel senso di universalità e di totalità che solo un concetto trascendentale può rappresentare. Platone 'crea' il concetto di *Bonum* ed il *Summum Bonum*[180] è precisamente quel singolare e natorpiano

---

[178] PLATONE, *Resp.* 532 c , p. 294
[179] JAEGER, 1988, p. 516
[180] JAEGER, 1998, p. 486

'oltrepassamento dell'Essere', ciò che va oltre l'Essere e che trascende il 'ciò che è' per presentarsi come il 'ciò che *deve* essere'. Il *dovere* ovvero l'atto che porta l'uomo *oltre* la propria contingenza materiale ed *oltre* il proprio naturale ed opportunistico personale interesse. Jaeger preferisce chiamare il Bene come appunto "Bene" ovvero l'*a priori* per eccellenza, condizione *sine qua non* la *paideia* ha un proprio senso d'essere. In quanto condizione basilare dell'Essere, il Bene è anche "cognizione massima[181]" che invalida ogni altro sapere e Jaeger pare anch'egli guardare alla dottrina di Platone come ad una peculiare filosofia dell'*Utile* dove l'*Utile* assume connotati del tutto diversi da quanto le posizioni sofistiche e materialistiche potrebbero fare apparire. L'*Utile* platonico è, per sua essenza, legato, in modo inscindibile, all'Idea del Bene che in Platone è, appunto, quel principio *"per cui tutto ciò che è giusto, bello, e così via, è utile e salutare [...] che valore infatti avrebbe il possesso di qualcosa che, non partecipando, del Bene, non fosse 'buono' a niente?[182]"*

Resta, però, un punto da tener fermo: Platone non ha mai cercato di definire la natura del Bene in sé e questo malgrado nei suoi dialoghi egli parli incessantemente del *Bene*. Nemmeno nel *Filebo*, il dialogo dove scorgiamo elencate e descritte le tre principali caratteristiche del Bene ovvero *Bellezza, Simmetria* e *Verità[183]*, troviamo, alla fine del discorso, una esauriente definizione dell'Idea del Bene che pare, anzi, essere l'oggetto di una discussione destinata a rimanere sempre aperta. Secondo Jaeger, nella *Repubblica*, Platone rivela, ad un tratto, una sorta di "doppia personalità" di Socrate o un Socrate che, ad un certo punto preciso, pare come *sdoppiarsi* o forse semplicemente rinnovarsi. L'inizio del primo libro della *Repubblica* coincide, infatti, con il Socrate storico che *sa di non sapere*, ma Glaucone non vuole più sentir parlare il

---

[181] JAEGER, 1998, p. 485
[182] *Ibidem*, p. 585 – 486
[183] *Filebo*, 65 a

Socrate della tradizione: l'accorto Glaucone già conosce, infatti, la posizione socratica con il suo originale scetticismo sulle definizioni e sulle pretese di concludere concetti di natura universale etc. Glaucone preferisce, invece, prendere di petto Socrate e rivolgergli non le domande: 'cos'è il Bene' o 'cos'è il Giusto', che si presterebbero ad una spontanea e naturale contro domanda e si tornerebbe sempre al punto di una cosciente ignoranza da parte del saggio. Glaucone vuole, per contro, rivolgere a Socrate la più precisa domanda "cosa è *per te* il Bene?" e, così facendo, Socrate è chiamato a mettersi sempre più in gioco e a dover fare, finalmente, delle chiare ed evidenti affermazioni. Dobbiamo, quindi, a Glaucone e al suo *"cosa è per te?"* se Socrate descrive la propria "città di parole" e ci fa approdare ad un insolito ed inaspettato *Non luogo.* Jaeger fa anche notare come Socrate, ad un certo punto, affermi che "l'arte di navigazione politica è insegnabile[184]" e, a questo punto, Platone *"non può più consentirgli il rifugio nella vecchia ignoranza[185]"*. Nel *Timeo* è una figura diversa da Socrate a parlarci di come, *verosimilmente*, il mondo venne formato; nel *Simposio* è Diotima a raccontarci il segreto dell'amore; nella *Repubblica* è, finalmente, Socrate, in prima persona, a parlarci del *Non luogo* e della *teoria del Bene.* Platone arriva, dunque, a parlare qui di 'sinossi' ovvero di 'sguardo d'insieme' poiché il Bene è universalità e solo una "funzione intellettuale sintetizzante[186]" può cogliere l'unità dell'Idea. Il problema sorge, però, quando diventa immediatamente chiaro che, con l'uso sensibile della parola, la via dialettica al Bene non è affatto esprimibile e, quindi, solo la visione sensibile di ciò che è *'analogo'* può rendere la cosa a portata dell'uomo e, di conseguenza, permettere la possibilità di 'scrivere' cosa sia il Bene.

---

[184] JAEGER, 1988, p. 488
[185] *Ibidem*
[186] *Ibdem*, p. 489

Jaeger sottolinea che Platone, in particolare, non ci parla del padre di *Helios* e non pare voler, in quel momento, delineare la propria teologia: egli si limita a circoscrivere il problema sulle reali possibilità dell'uomo per giungere all'*Agathon*. *"L'anima dell'uomo è come l'occhio[187]* "e al pari dell'occhio che non si identifica col sole, così la nostra anima non può identificarsi col Bene. Il nostro conoscere non è universale, non è totale e non è assoluto (e quindi il Socrate della cosciente ignoranza non cessa, di fatto, di esistere) e, pertanto, la nostra conoscenza non può avere la pretesa di poter *possedere* il Bene. È, però, anche vero che l'occhio è, tra i nostri sensi, il più 'solare[188]' e, pertanto, sapere e verità sono, di fatto, *agathoidi* ovvero strettamente affini alla primigenia del Bene.

"Ma è qui" – scrive Jaeger – *"che si ferma la fecondità chiarificante della similitudine platonica[189]."*

Platone non ci dice altro e Jaeger offre, in tale occasione, la propria interpretazione 'teologica' della filosofia platonica:

"Fin da principio la filosofia greca aveva volto lo sguardo alla natura (physis) della realtà o ci «ciò che è», e da questo atteggiamento era nato tutto quello che noi chiamiamo scienza. Ma dal sec. XIX in poi, è andata prevalendo la tendenza a sorvolare sul primo di questi due elementi, sull'accento e funzione religiosa della filosofia greca, o a considerare tutto ciò come puro involucro e paludamento, sia pure maestoso e solenne. Così facendo in realtà ci si preclude del tutto la comprensione di Platone, la cui importanza, del lato religioso, supera tutti i suoi predecessori. Il punto centrale della sua teoria, la teoria dell'idea del bene, non può essere giustamente apprezzata che su questo sfondo religioso. Platone è il

---

[187] *Ibidem*, p. 490
[188] *Ibidem*, p. 491
[189] *Ibidem*

teologo del mondo classico. Senza di lui non esisterebbe, della teologia, né il nome né la cosa[190]."

Jaeger guarda al concetto di Dio come ad una funzione che trova il proprio posto all'interno dell'edificio della *paideia* platonica e, in questo modo, ne spiega senso e ruolo. L'autore parte dalla considerazione che il concetto di Dio, in Platone, dovette, per via dei molteplici aspetti che si riversano nei vari dialoghi (Dio è *Nous*, ma è anche 'Bene Assoluto' cui tutte le cose tendono, è Demiurgo etc.), disorientare i critici ellenistici alla medesima stregua di come non trova concordi i diversi studiosi moderni. È quasi impossibile poter, infatti, trovare, in Platone, 'un' dio; più evidente per Jaeger è rintracciarvi una *'panta plere theou[191]'*. Nella *Repubblica*, in particolare nel VI libro, pare che Platone voglia evitare di chiamare "dio" l'Idea del Bene forse per allontanare l'ipotesi che essa possa essere anche lontanamente confusa con gli dei della religione popolare, ma Jaeger sottolinea anche che all'interno della filosofia platonica non vi sia, tuttavia, nulla cui possa spettare il conferimento di divinità paragonabile all'Idea del Bene[192]. Lo stesso Platone, d'altronde, ribadisce che la

---

[190] *Ibidem*, pp. 492 - 493

[191] *Nota* 41, p. 494

[192] Anche David Ross dedica delle interessanti attenzioni ai rapporti tra l'Idea del Bene e il concetto di 'dio', facendo, però, notare come in Platone 'Bene' e 'Dio' dimorino, fondamentalmente, su due piani diversi. Ross sottolinea, infatti, come le Idee 'siano' nature universali, mentre Dio *'ha'* una data natura. Platone, inoltre, come d'altronde anche Jager nota, non chiama il Bene 'dio' e non guarda, pertanto, al Bene come ad un particolare e specifico 'essere superiore'. Nel *Fedone*, Socrate parla, poi, della ragione divina come di ciò che guarda al Bene e non come 'Bene' e nella stessa *Repubblica* ci vien detto che bisogna insegnare che Dio è buono e non che la 'Bontà è buona'. L'analisi di Jaeger porta a concludere che il Bene, anche se non chiamato direttamente Dio, resti comunque la condizione indispensabile per l'operare divino e per l'esistenza stessa del Dio e il Bene debba, pertanto, essere letto come ciò che sta *oltre* il dio stesso e, come tale, è da intendersi come la vera 'misura di tutte le cose'. In questo essere

divinità non operi mai il male, ma sempre e soltanto il
Bene. La critica che poi Platone muove a poeti epici e ad
artisti vari di mal rappresentare il Divino e di, anzi, finire
con l'oltraggiarlo, raffigurando degli dei gelosi ed
invidiosi, frivoli e terreni, in combutta tra di loro, capaci
anche di congiurare, di ordire tranelli, inganni, provare
sentimenti di ira, di odio e di vendetta etc., risulta sposarsi
perfettamente con la teoria di guardare all'Idea del Bene
come ad una autentica divinità.

La massima che Dio può operare *solo* il Bene subordina
la stessa opera divina all'Idea del Bene che, quindi, è
condizione indispensabile per l'operare divino e, di
conseguenza, *suprema misura*. Definire, inoltre, "Dio" il
Bene non aggiungerebbe niente di essenziale alla sua
definizione. Ne le *Leggi*, Dio è misura di tutte le cose
(*Leggi*, 716 C); ne la *Repubblica* il Bene è principio, via,
sostentamento dell'Essere e, dunque, 'misura'. Jaeger[193] fa,
inoltre, notare come pure Aristotele, in uno dei suoi
dialoghi giovanili, definiva il Bene come la "misura più
esatta". La considerazione che Platone ha nei riguardi de
"l'arte della misura" giunge intatta fino alle *Leggi* vale a
dire fino all'ultimo Platone, il quale trattò, quindi, per
tutta la vita il Bene come una divinità e a tale divinità
ascrisse anche la caratteristica della *beatitudine*, rivelandosi,
in questo, un *greco* sotto tutti gli aspetti:

*"Per il realismo ontologico di Platone l'idea del bene è, essa stessa,
un'essenza buona, anzi è l'essenza buona nella sua forma perfetta, a
quel modo che l'idea del bello è essa stessa bella, anzi la più bella
delle cose reali. Ma per Platone esser buono e esser beato sono una*

'misura', il Bene diviene, quindi, per l'uomo come per il dio sia un
punto di riferimento cui guardare, ma anche un principio totalmente
separato dal piano del Sensibile e del Mutabile, al pari di come il Sole è
separato dal piano terrestre, pur essendo condizione principale della
vita della terra ed ente cui gli occhi dei viventi quotidianamente
indirizzano lo sguardo
[193] JAEGER, 1998, p. 497

identica cosa[194]."

Il Bene non ricopre, dunque, un ruolo solo nell'*aretè* del mondo, nella sua origine e nella sua esistenza, Il Bene ha anche la propria parte nell'*eudaimonia* e dell'*eudaimonia* è la prima fonte[195]. Qui è per Jaeger uno degli aspetti rivoluzionari di Platone e una prima distanza ed indipendenza della *paideia* platonica da quella tradizionale: la tradizione porta davanti agli occhi degli uomini e dei fanciulli tutta una serie di modelli di *aretè* umana; la nuova *paideia* platonica, che è *paideia* filosofica, invece, pone immediatamente la divinità del Bene come paradigma e si spiega, così, anche meglio la celeberrima frase che pone al filosofo lo scopo di "assimilarsi al dio" unitamente all'affermazione che il reggitore debba avere la 'cognizione massima'. L'uomo 'dipinto' da Platone ha, in questo modo, una profonda *umanità*, ma ha anche una peculiare essenza di tratti ieratici e sacerdotali: rappresenta un modo d'essere e di vivere nuovo rispetto al tipo umano raffigurato dai sofisti che è, all'opposto, contingente ed individualista tanto da porre l'uomo, e non il dio, ad essere "misura".

La *paideia* platonica punta, invece, a fare del divino la *misura di tutte le cose* e dell'*assimilazione al dio* lo scopo principale dell'attività educativa e formativa. L'*umanità* vera e propria, per usare le parole di Jaeger, si realizza "solo nello sforzo di avvicinarsi al divino cioè alla misura eterna[196]" e il filosofo, vero e completo uomo, non mira, di certo, a presentarsi al pubblico e a folle festanti come una sorta di dio depositario della "vera misura".

12. Il passo della linea in Jaeger

---

[194] *Ibidem*
[195] *Ibidem*, p. 498
[196] *Ibidem*, p. 499

"L'Essere di cui Platone parla non è senza connessione con l'uomo, con la volontà dell'uomo[197]."

Il Bene dà dunque *senso* all'Essere e al suo mantenimento e, riempiendo di un "senso" l'universo, diviene 'meta naturale di ogni sforzo umano[198]', una meta che è al di fuori del piano dell'Immediato e dell'apparenza e alla quale l'uomo può avvicinarsi solo *gradualmente*, una volta superato lo stadio del 'trauma' dell'accecamento da parte del 'sole'. L'immagine matematica della linea evidenzia una tale gradualità che, anche per Jaeger, va a costituire una sorta di fase preparatoria dove non sono posti a confronto quantitativo due semplici oggetti, bensì dei gradi di realtà e di esattezza che, una volta posti su un unico piano, vanno ad evidenziare un processo graduale che eleva il discepolo al di sopra del mondo sensibile fino a giungere a quel culmine supremo del Vero. Il passo della linea segna, per Jaeger, la prima volta in cui Platone evidenzia il fondamento metodico-pedagogico dell'educazione del reggitore-filosofo.

"Platone pensa a una vera proporzione. Naturalmente il significato vero e proprio di questa non è adeguatamente esprimibile per mezzo di linee geometriche, in quanto non si tratta qui tra gli oggetti messi a confronto, di rapporto quantitativo, bensì del loro relativo grado di realtà e dell'esattezza della conoscenza che noi abbiamo di essi[199]."

Jaeger precisa che il passo della linea non è quel "paradosso[200]" che gli espositori credono di trovare ogni volta che intendono avere sotto mano un luogo della dottrina platonica denso di significati esoterici, messaggi

---

[197] *Ibidem*, p. 500
[198] *Ibidem*
[199] *Ibidem*, p. 502
[200] *Ibidem*, p. 504

occulti e reconditi o rinvii a qualcosa di ieratico. Più semplicemente, l'immagine della linea offre uno spaccato sul processo graduale del conoscere verso la visione del Tutto. La conoscenza del Tutto e dell'Incondizionato corrisponde al *Nous*, il grado matematico è la *Dianoia*, la percezione sensibile è la *Pistis* e la congettura è invece l'*Eikasia*. Dove il matematico arriva e cessa di operare, il filosofo prende il proprio avvio: ciò che per il matematico è 'principio', per il filosofo è 'ipotesi'. Anche Jaeger rimane colpito dal passo della linea che, come una vera proporzione matematica, da un punto di vista stilistico, ci conduce dall'immagine del sole del VI libro a quella della Caverna del VII dove vediamo nascere, ad un tempo, l'uomo filosofico e politico: nasce il filosofo quando l'uomo *ascende* per giungere al Sole e quindi al Bene; nasce il politico quando l'uomo *discende* verso il buio per narrare agli altri quanto scoperto. Jaeger[201] paragona quest'uomo all'Achille omerico che sceglie un destino non facile. Rammentando anche quanto Carlo Diano scrive nel suo *Forma ed Evento*, potremmo affermare che il filosofo è più affine alla dimensione della *Forma* che non a quella dell'*Evento* nel senso che il filosofo lega il proprio destino alla statica *Forma*, al rigoroso, quasi rigido o comunque imperturbabile senso del dovere che non offre vie di scampo, escamotage vari e non consente, così, di confondersi con colui che padroneggia l'evento, maneggia gli episodi e, mediante un fine uso della logica, manifesta scaltrezza. Achille morirà colpito da una freccia che saprà far breccia attraverso l'unico punto debole dell'eroe per farlo soccombere. Odisseo, tra congegnate astuzie e tranelli costruiti ad arte, riuscirà ad essere lui a scagliare quelle frecce che gli daranno la vendetta trionfante su nemici resi inermi da una ben orchestrata assenza di armi. Il Socrate tanto pronto alla battuta facile, capace di ragionamenti sottili e anche, a suo modo, astuto nelle

---

[201] *Ibidem*, p. 507

varie controversie, non fa della propria astuzia un'autentica scaltrezza e non si affida ad essa per evitare la morte. Al filosofo non deve interessare il successo inteso come coronamento di una data situazione ovvero di un episodio; il filosofo non regna, infatti, nel campo del commercio, della guerra o del tribunale: il filosofo ha una propria vocazione *politica* intesa come costruzione di una vita di comunità ed il suo è *Eros* verso di essa e, pertanto, la soddisfazione dell'uomo filosofico corrisponde alla pienezza dell'Essere della sua stessa comunità. La verità resta nuda e priva di accorgimenti, di broccati e di finezze varie: non è *complessa* né *sofisticata*, essa è *semplice* nella sua essenza. La *possibilità* che l'uomo colga questa nuda verità, velata, in un primo tempo, da tenebre che verranno dissipate non appena l'occhio impari e si abitui a conoscere la luce, inizia con quella che per Socrate è un'autentica fase della *speranza*. Jaeger vuole sottolineare questo stesso concetto di 'speranza', facendolo risalire al linguaggio dei *misteri* dove viene designata una particolare aspettativa che l'iniziato nutre nei riguardi dell'*Aldilà*. Non è difficile né fuorviante intravvedere una sorta di paradosso o di aporia in tutto questo: il filosofo, in fondo, "*chi è?*" È colui che guarda all'*Al di qua* o si impegna a cercare di contemplare l'*Aldilà*? È un *essoterico* o un *esoterico*? Ha a cuore le sorti politiche della propria *polis* o si allontana da essa, separandosi dalle tumultuose vicende che coinvolgono la vita quotidiana per poi estraniarsi dalla storia e alienarsi, così, in una sorta di *Altrove* in cui poter condensare i propri pensieri su ricerche originali e diverse dalle caratteristiche della vita degli uomini/cittadini? La risposta alla domanda su dove debba tendere lo scopo filosofico forse è scontata poiché già nel mentre formuliamo un simile quesito, in modo quasi automatico, vien naturale rispondere che il filosofo è ambo le cose: "ascende" e "discende", rivolge la propria mente alla globalità dell'Essere sia quando esso prende la forma di mera *Teoria* che quando lo stesso si manifesta in quanto

Comunità. La dialettica discendente e ascendente che Paci ci ha descritto costituisce, così, la doppia essenza di un personaggio che ha la caratteristica di essere, in questo, 'doppio' nella unitarietà stessa del proprio procedere: due e opposte sono spesso le azioni del filosofare che, per natura, si proietta ad essere sia *destruens* che *costruens* e il filosofo dissolve, distrugge e capovolge ogni cosa data per acquisita per poi ricomporla, plasmarla e formarla in una vita del tutto nuova. Egli, anche per questo, ascende e discende, si allontana e poi ritorna, due gesti che sembrano essere due segmenti di quell'unica linea che si proietta verso l'infinito. Jaeger, a tal proposito, vuole anche precisare come tutto questo possa sì far apparire il medesimo filosofo come una creatura contraddittoria, ridicola e perennemente impacciata, ma ciò non è per nulla strano:

> *"La riluttanza del vero filosofo all'affaccendarsi tra le vicende umane, l'impulso che lo anima a dimorare là, nella regione suprema, non è cosa che debba parere strana, se è esatta e conveniente l similitudine ora esposta, e se si capisce la necessità che il filosofo appaia figura ridicola quando da quelle divine visioni egli ritorna alle brutture del mondo umano e i suoi occhi accecati da luce sublime non si sono ancora abituati all'oscurità. Ma l'accecamento che colpisce l'occhio dell'anima quando essa discende dalla luce all'oscurità è ben diverso da quello che la coglie nel passaggio dalla caverna, dall'oscurità dell'ignoranza, la luce: chi vede il fondo delle cose farà a meno di ridere e stimerà felice l'anima per il passaggio alla luce e la compiangerà per il suo opposto[202]."*

La filosofia compie, allora, una "doppia fatica" nel salire e nello scendere e subisce due forme diverse di *"accecamento"*: quando risale verso la luce del sole e quando poi ridiscende verso il buio. Per ben due volte, il filosofo si ritrova ad essere impacciato: quando scopre e poi

---

[202] JAEGER, 1998, p. 509

quando ritorna. Per ben due volte, infine, l'occhio deve abituarsi ed essere addestrato: una volta alla luce ed un'altra volta al buio di nuovo ritrovato. Entrambe le abitudini muovono l'intera *paideia* filosofica e ne sono, anzi, i due veri poli e, per tale ragione, Jaeger sostiene fermamente che la similitudine del sole e della caverna sono due unità della proporzione matematica del passo della linea[203] che va, così, a costituire essenzialmente un' *immaginosa e concreta rappresentazione della natura della paideia*. Platone stesso ci dice che questa *paideia* non è l'usuale tipo di educazione che consiste nell'innestare il sapere in un'anima ignorante come se si volesse riversare la vista negli occhi di un cieco: l'educazione vera è il risvegliare aspetti sopiti nell'anima, rimettere in funzione l'organo con cui si apprende e s'intende. La *paideia* pone l'uomo nella giusta posizione per poter contemplare il sole e spinge, anzi, l'anima a *"voltarsi tutta quanta"* verso la luce.

13. Il Non luogo della politica 'teologica'

"Dal punto di vista dell'individuo, la filosofia è, per essenza, lotta e sforzo continuo nella direzione di quel «paradigma che sta in ciò che è». Nella concezione ideale di uno Stato invece [...] essa deve apparire come qualcosa di definitivo e di assoluto[204]."

Jaeger scorge, dunque, nella dottrina platonica la fondazione di uno Stato 'teologico' ancor prima che teocratico e vede un forte nesso tra il *Logos* che vuole puntare sulla "conoscenza del principio primo del Tutto', che poi è la causa delle cose buone e quindi è il Bene, e la frase principe de le *Leggi* ovvero "Dio è la misura di tutte le cose", nesso che forma un assunto sulla base del quale Jaeger giunge alla conclusione che lo stato 'teonomo' delle *Leggi* non è opposto a quello della *Repubblica*, ma nasce,

---

[203] *Ibidem*, p. 510
[204] *Ibidem*, p. 514

anzi, sul modello di essa[205]. La svolta socratica della 'scoperta' del Bene costituisce, per Platone, un cambiamento 'storico' che rivoluziona il modo stesso di fare e di concepire la filosofia, una svolta che lo stesso Aristotele farà poi propria e che induce Platone a far divenire la filosofia cosa diversa dalla *fisica* per porla, invece, nelle condizioni di confluire in una *teologia*. La conoscenza del Bene, nel momento in cui s'impone come meta finale, diviene anche scopo della principale azione politica che assegna al filosofo il compito di introdurre una nuova "religione dello spirito" all'interno delle istituzioni dello Stato[206]. La definizione che Aristotele assegna alla propria filosofia di 'teologia prima' è, per Jaeger, un'ulteriore conferma di una certa tradizione dell'*Accademia*. La teologia ovvero la trattazione filosofica dei problemi più alti per la mente umana diviene, così, una creazione specifica dello spirito greco[207]. Partito da una cultura che aveva fatto della pietà religiosa uno dei propri principali cardini, Platone sviluppò, secondo l'interpretazione jaegeriana, profondamente questo stesso senso di *pietas* popolare, dando ad esso una forma filosofica e facendo poi della teologia il fondamento dello Stato.

> *"Ma con lo Stato platonico, l'Ellade si è creata un ideale ardito, e di lei degno, da contrapporre alle teocrazie sacerdotali dell'oriente: l'ideale di una signoria di filosofi, costruita sulla capacità dell'intelletto indagatore dell'uomo, di giungere alla conoscenza del Bene divino[208]."*

Secondo tale prospettiva, lo Stato platonico utilizza la *polis* tipicamente greca al pari di un 'materiale' in vista,

---

[205] *Ibidem*, p. 515
[206] *Ibidem*
[207] *Ibidem*, p. 517
[208] *Ibidem*, p. 518

però, di una costruzione statale del tutto diversa. Il paragone del Bene col sole elegge a principio di questa nuova visione statale un concetto di natura divina di cui solo una comunità di sapienti, che va a sostituire la tradizionale casta sacerdotale, può trattare, ma, soprattutto, ricercare. Avverto, però, l'esigenza di aggiungere e di sottolineare che, a differenza di un certo modo di concepire la 'casta', il sistema platonico non è affatto chiuso, ma resta, per sua essenza, un sistema *aperto*. Platone stesso, d'altronde, ci dice che dall'oro si può generare il piombo come dal piombo o dal bronzo l'oro. È questo, in fondo, uno dei motivi, se non il motivo, che spinge il filosofo a *disintegrare* l'istituzione della famiglia, al fine di esorcizzare qualsiasi forma e tentazione di cesaronepotismo e a sostituire il rapporto genitore/figlio con l'educazione statale, la quale spinge i saggi a monitorare costantemente la popolazione nel proprio stato di salute culturale e cognitivo. La conoscenza del fine ultimo è l'unico criterio per poter individuare il reggitore e la costante ricerca di questa conoscenza è il segnale che aiuta ad identificare colui che ha la vera vocazione a governare. Jaeger vuole, però, chiudere un certo discorso, facendo notare due cose fondamentali: chi o cosa può convincere il filosofo a tornare nell'antro della Caverna e come può farlo? Quale argomentazione può mai spingere questo stesso filosofo a lasciare il proprio stato di beatitudine, oramai raggiunto, per correre dei seri rischi? Nella *Settima Lettera* viene esplicitata una certa etica del dovere o, meglio, del senso del dovere e Platone sembra fermo su questo punto: il filosofo *deve* scendere ad aiutare gli altri e ciò è fuori ogni discussione. Secondo Jaeger[209], in una simile posizione, vi è una parte di 'persuasione' ed una di 'costrizione' da adottare nei riguardi del filosofo e della filosofia, un binomio 'persuasione-costrizione' posta, dunque, come caposaldo

---

[209] *Ibidem*, p. 521

nella *paideia* del filosofo. La 'cooperazione' tra persuasione e costrizione genera un certo senso di responsabilità che distingue Platone dai filosofi presocratici, i quali, invece, sembrano essere più preoccupati della conoscenza della *Physis* che non dell'uomo propriamente detto. Eppure questi stessi filosofi presocratici furono, di fatto, molto più occupati attivamente nella vita politica della propria *polis* che non Platone stesso. Aspetto, questo, che tenderebbe a dare conferma alla arendtiana tesi che vede in Platone un distacco tra "vita activa" e "vita contemplativa". Per Jaeger, il 'disinteresse' di Platone verso la vita quotidiana della sua *polis* è però, in realtà, figlio diretto della sua stessa visione di Stato e di cultura dove l'attività del filosofo può essere possibile solo all'interno di uno Stato più autentico e non davanti al degenerare di una certa realtà verso la quale il filosofo non può provare alcun senso di gratitudine e sentirsi, quindi, motivato sino all'essere 'persuaso' a collaborare con impegno vivo e profondo. Per quanto il filosofo possa essersi formato all'interno dei confini di quella stessa polis, la sua formazione non è stata, infatti, per nulla stimolata da tale polis: è invece verso il *Non luogo* che il filosofo avverte un senso di gratitudine, riscoprendosi debitore fino ad essere sempre disposto a sobbarcarsi qualsiasi forma di onere risulti necessaria e ciò non per un motivo di brama di potere, caratteristica che marchia i politici 'tradizionali', bensì per *eros* verso la comunità.

Jaeger così conclude:

> "*Lo stato perfetto si potrà dunque sempre riconoscere a un segno: in esso non dominano gli amanti del potere, ma proprio quelli che meno vi sono inclinati*[210]."

14. Filosofia ed educazione

---

[210] *Ibidem*, p. 522

La gestione dello Stato dovrebbe, dunque, – questo sembra essere il monito che a distanza di più due millenni appare ritornare in pieno 'Novecento – essere affidata non agli amanti del potere, bensì proprio a chi a tale amore è meno incline e tale uomo è, appunto, l'*amante del sapere*, il filosofo che antepone la ricerca e la conoscenza della verità all'amore per il prestigio e per il potere stesso. Nelle parole di Jaeger che ho riportato nella conclusione del precedente paragrafo, parole scritte – evidenzio – nella Germania degli anni '30, è davvero difficile non scorgere una verità dal sapore amaro: il grande escluso, l'*inadatto* per eccellenza, il filosofo, risulta essere proprio colui che potrebbe, invece, avere le caratteristiche per imprimere una vera guida alla comunità senza essere o ritenersi, per questo, egli stesso una *guida*. *Filosofica* è propriamente quell'anima che ricerca un modello, un paradigma, da seguire e a cui ispirarsi ed è, pertanto, difficile che un filosofo giunga ad autoreputarsi e ad autoeleggersi a "guida" ovvero a definirsi egli stesso un *paradigma*. Assieme al filosofo, per i più, la filosofia, con quel suo indicare '*a guardare in alto*', diventa la *Grande Inascoltata* e la forma di sapere più 'inadeguata' a ricoprire un incarico, appunto, di 'guida'. Nessuno può, però, al tempo stesso, negare che l'uomo viva di pensieri e sia, anzi, l'animale pensante per eccellenza: anche quando pare adoprarsi nelle sole azioni, è pur sempre il pensiero il punto fermo cui l'uomo si affida ed è dal solo pensiero che le sue azioni si originano. Sono gli "uomini di pensiero" a guidare, nello Stato platonico, l'azione della *polis*, ma Platone è, al tempo stesso, anche cosciente che il *demos*, che costituisce il *perché* e il *come* della polis, non sarà mai *filosofo*.

A distanza di millenni, una simile considerazione appare quanto mai emblematica e, come tale, doveva apparire a taluni studiosi che, vivendo nel clima della Germania degli anni '30, assistevano ad un decisivo ed inesorabile distacco tra il mondo, specie di natura accademico, della cultura e la dimensione della politica. Il disastro umano che venne, in seguito, a generarsi è oramai scritto su tutti i libri di storia. Quando Jaeger si concentra sul mancato impegno attivo di Platone nella vita politica, riusciamo forse a ricavare delle possibili risposte, analizzando il rifiuto che l'*uomo filosofico* può, talora, provare nei confronti di quello Stato che, per quanto lo abbia allevato e, in una certa qual misura, formato, di fatto lo ha poi allontanato, rifiutando, così, quel figlio che chiedeva di cambiar rotta, di "*studiare i venti e i movimenti degli astri*", di guardare in alto...

il senso di frustrazione e di rassegnazione, che, a volte, l'*uomo filosofico* prova, si trasforma in una sorta di costantemente rigenerato "aristocratico distacco" che pone un limite alla *koiné* tra Filosofia e Politica e questo malgrado un filosofo sia sempre portato ad esprimere comunque le proprie idee ad allievi, ad amici, nei propri scritti, nelle proprie parole e, infine, nei propri gesti. Il distacco del filosofo dalla sua comunità, distacco che subentra alla *koinè* tra Politica e Filosofia, è il riflesso di come il tempo del pensiero non sia sempre collegato al tempo della quotidianità anche perché il pensiero filosofico precorre e prevede, rivolgendo le proprie attenzioni ad un metaforico *cielo* dal quale tutta la vita, l'essenza stessa del filosofare, dipende. L'aspetto *straordinario* di un simile rivolgere le attenzioni verso 'l'alto' risiede, soprattutto, nel fatto che ciò avvenga proprio quando il tempo della quotidianità, della *nave*, è frenetico, talmente frenetico da indurre qualsiasi uomo a limitare la propria visuale alla sfera del contingente. L'*eros filosofico* continua, invece, a restare essenzialmente *tensione* verso l'Idea del Bene e ad eleggere il Bene a fondamento di un vivere profondo, di un *to on*, che è, in fondo, la vita stessa nel suo dispiegarsi e la cui essenza appare, a volte, simile alla eraclitea *physis* che *ama nascondersi*. Stenzel e Jaeger hanno evidenziato come l'Idea platonica del Bene sia fondamento dell'*Educazione*, di quella *Paideia* che è anche arte di vivere o, meglio, di *formare a vivere*. Il Bene platonico, dunque, sia esso posto come fondamento del vivere che come base del *formare a vivere*, resta comunque il massimo punto teoretico ed etico su cui poggia il senso stesso del filosofare. Se in Platone è indubitabile che, ad un certo punto, Filosofia e Politica divengano o tornino a divenire una cosa sola, Stenzel e Jaeger hanno colto proprio nell'*educazione*, nella *paideia*, la congiunzione tra ambo le sfere. Il particolare momento storico vissuto dai due neoumanisti non poteva che evidenziare, in modo drammatico, la separazione tra educazione ed indottrinamento, tra filosofia e sofistica, mettendo in rilievo i seri rischi che si generano quando i due piani vengono mescolati, fino a far venir meno l'attitudine al *logos* e fino a far risultare anche "profetiche" talune riflessioni che troviamo nella *Repubblica*. Meditare sul testo platonico comporta, così, una riflessione sul Bene e sul Male, poli che possono, in ogni momento, ispirare o coinvolgere la vita di un uomo e della sua collettività. Il Male, allora, come abbiamo visto, in particolare in Platone come in Aristotele, non è semplice "assenza di Bene", bensì presenza attiva dovuta ad un'autentica *degenerazione* e il degenerare è, anzi, il pericolo maggiore da cui Platone mette in guardia. Il degenerare è, fondamentalmente, un processo che comporta, a seconda dei casi, un *esagerare* o un *venir meno* ovvero un uscir *fuori dalla misura*, da quel particolare senso della misura, quel *metron* che rende possibile l'armonia e la giusta proporzione tra le cose. il Bene è, d'altro canto, il punto culminante di una capolavoro geometrico racchiuso tutto in una linea che dal piano sensibile porta a quello intelligibile, unendo dimensione divina e terrena in un unico percorso, una via, un *metodos* da seguire.

Ho, dunque, in conclusione del mio studio, scelto le letture, tre italiane e due tedesche, di alcuni intellettuali della nostra cosiddetta "era contemporanea", tutte accomunate dall'attenzione data al problema posto nel VI libro della *Repubblica* e motivate da un voler non soltanto meditare sulla questione del Bene in Platone, ma anche sulla filosofia stessa e sui suoi legami con la società, segno che gli interrogativi che Platone ha posto sono gli interrogativi stessi del filosofare e se le risposte, che spesso si cercano, risultano incompiute, è perché il filosofare stesso è fondamentalmente un percorso lungo ed incompiuto, infinito come lo è la linea che è, quindi, metafora della filosofia stessa come il sole lo è del Bene. Attraverso il carattere infinito del pensiero, l'uomo si rende, per un attimo, *eterno* e partecipe di quell'eternità di cui l'*Agathon* è il fondamento. Nella dialettica tra il cielo e la terra, il filosofo ritrova le tracce di un dialogo tra materia e forma, corpo e anima, senso e *Nous* ovvero i poli che racchiudono l'essenza stessa dell'essere uomo e che danno senso d'essere alla *paideia*, alla formazione che racchiude l'uomo nella sua totalità di corpo e di anima, caratteristiche che rendono l'individuo un essere unico all'interno di un cosmo, anch'esso *umano*, che riposa, a sua volta, su un ordine *naturale*. All'interno di un simile spettacolo, il Bene resterà sempre l'Idea *alta* e *separata*, ma comunque presente nelle meditazioni dell'uomo e questo anche in mezzo alle difficoltà maggiori e nelle condizioni più critiche, alle tenebre che talora offuscano la mente di un singolo individuo come lo spirito di un'intera comunità, ma, tutto sommato, il Bene resterà sempre una meta che, per taluni aspetti, diverrà anche "facile" da scorgere nel preciso momento in cui qualcuno inviterà ad alzare il viso e convincerà altri a guardare in alto…

BIBLIOGRAFIA

Per quanto concerne la parte sul commento al VI libro e al mito della caverna della *Repubblica*:

– ARISTOTELE, 1994, *Opere*, a cura di AA.VV., Bari, Laterza

– ARISTOTELE, 2008, *L'anima*, a cura di G. MOVIA, Milano, Bompiani

– HEGEL G.W. F., 1974, *Fenomenologia dello spirito*, trad. di E. DE NEGRI, Firenze, La Nuova Italia

– LIDDEL H.G. e SCOTT R., 1996, *Greek-English Lexicon*, Oxford, Clarendon press

– ORDINE N., 2013, *L'utilità dell'inutile*, Milano, Bompiani

– PACI E. 1988, *Il significato del Parmenide nella filosofia di Platone*, Milano, Bompiani

– PLATONE, 1900, *Platonis Opera*, a cura di J. BURNET per la collana «Oxford Classical Texts», Oxford, Clarendon

– PLATONE, 1932, *Repubblica*, trad. di G. FRACCAROLI, Firenze, La Nuova Italia

– PLATONE, 1970, *Dialoghi Politici e lettere*, a cura di F. ADORNO, Torino, UTET

– PLATONE, 1992, *Dialoghi Politici e lettere*, a cura di F. ADORNO, Torino, UTET

– PLATONE, 1994, *Repubblica*, a cura di F. SARTORI e M. VEGETTI, Bari, Laterza

– PLATONE, 1997, *Tutte le opere*, a cura di E. V. MALTESE, Roma, Newton Compton.

– PLATONE, 2000, *Tutti gli scritti*, a cura di G. REALE, Milano, Bompiani

– PLATONE, 2005, *Repubblica* – libro VI, a cura di M. VEGETTI, Napoli, Bibliopolis

– ROMANI R., 1991*, Eidenai*, Fiesole, Cadmo

– ROMANI R., 1998, *Theoretikà* – libro III, Fiesole, Cadmo

– ROMANI R., 2005, *Theoretikà* – libro V, Fiesole, Cadmo

– STENZEL J., 1961,*Platon, der Erzieher*, Hamburg, Meiner, trad. italiana, *Platone educatore*, a cura di F. GABRIELI, Bari, Laterza, 1966

– STENZEL J., 1966, *Kleine Schriften zur griechischen Philosophie*, Bad Homburg vor der Hole, H. Gentner

– WELLS H.G., 2008, *Nel paese dei ciechi*, trad. di F. SALVATORELLI, Milano, Adelphi.

Per quel che concerne il capitolo sulle letture italiane:
– HEGEL G.W. F., 2000, *Lineamenti di filosofia del diritto*, a cura di G. MARINI, Bari, Laterza
– MONTONERI L., 1968, *Il problema del male nella filosofia di Platone*, Padova, Cedam
– PACI E. 1988, *Il significato del Parmenide nella filosofia di Platone*, Milano, Bompiani
– ROMANI R. (a cura di), 2009, *Il maestro utopico – scritti in onore e in memoria di Pietro Maria Toesca*, Reggio Emilia, Diabasis
– TOESCA P. M, 1986, *Platone pensatore negativo: analisi della scrittura ironica della "Repubblica"*, San Gimignano, Cooperativa Nuovi Quaderni.

Per quel che concerne il capitolo dedicato alla ricostruzione storico-culturale della Repubblica di Weimar:
– ARENDT H., 2010, *Vita activa*, a cura di P. BATTISTA, Milano, RCS
– BERTI E., 1992, *'Scritti di didattica della filosofia – la filosofia e la cultura classica'*,
http://www.ilgiardinodeipensieri.eu/artdida1/Berti92.htm
– BOBBIO N., 1996, *De senectute e altri scritti autobiografici*, Torino, Einaudi
– BOGNETTI G., 1991, *Europa in crisi*, Milano, Giuffrè Editore
– EBERT F., 1994, *Ansprache an die Heimkehrenden Truppen*, 10 dicembre 1918, in *Politische Reden*, vol. III: 1914 – 1915, a cura di P. WENDE, Frankfurt am Main, Deutsche Klassiken
– GADAMER H. G., 1977, *Philosophische Lehrjahre – Eine Ruecksan*, Frankfurt am Main, Klostermann trad. italiana in *Maestri e Compagni nel cammino del pensiero*, di G. MORETTO, Brescia, Quiriniana, 1989
– GADAMER H. G., 1985, *Verità e Metodo*, trad. di G. VATTIMO, Milano, Bompiani
– HOBSBAWM E. J., 2000, *Il secolo breve*, trad. di B. LOTTI, Milano, Rizzoli
– HUMBOLDT W., 1904, *Gesammelte Schriften*, Berlin, Ed. dell'Accademia di Berlino

– KELSEN H.,1929, *Vom wesen und wert der Demokratie*, Tuebingen, C. B. Mohr

– LANGBEHN, J., 1928, *Rembrandt als Erzieher, vom einem Deutschen*, Weimar, Dunken

– NOLTE E., 2006, *La Repubblica di Weimar – un'instabile democrazia tra Lenin e Hitler*, trad. di F. CAPPELLOTTI, Milano, Christian Marinotti

– PEUKERT D. J. K., 1996, *La Repubblica di Weimar*, trad. di E. GRILLO, Torino, Boringhieri

– PLATONE, 1997, *Tutte le opere*, a cura di E. V. MALTESE, Roma, Newton Compton.

– PONZI M. (a cura di), 2008, *Spazi di transizione – Il classico moderno (1888 -1933)*, Milano, Mimesis Edizioni.

– REMARQUE E. M., 1928, *Im Western nicht neues*, Berlin, Propylaen Verlag.

– STRACHAN H. 2009, *La Prima Guerra Mondiale – una storia illustrate*, trad., di L. A. DALLA FONTANA, Milano, Oscar Mondadori.

– TROELTSH E., 2008, *Der Historismus und seine Probleme*, Tuebingen, Walter de Gruyter Verlag, Berlin

– UHLMAN F. 1996, *Storia di un uomo*, trad. di L. TREVISAN Milano, Feltrinelli Editore.

– WEITZ E. D., 2007, *La Germania di Weimar – Utopia e tragedia*, trad. di P. ARLORIO, Torino, Einaudi

– WINKLER H. A., 1998, *La Repubblica di Weimar 1918-1933 – Storia della prima democrazia tedesca*, trad. di M. SAMPAOLO, Roma, Donzelli Editore

– WIRSCHUNG A. 2008, *Die weimarer Republik – Politik und Gesellschaft*, Muenchen, Oldenburg.

– Per quanto riguarda l'ultimo capitolo:

– DIANO C., 1994, *Forma ed Evento*, Venezia, Marsilio

– JAEGER W., 1936, *Paideia. Die Formung der griechischen Menschen*, Berlin, Leipzig, W. DE GRUYTER, trad. italiana, *Paideia. La formazione dell'uomo greco* di A. SETTI, Firenze, La Nuova Italia, 1988

– PLATONE, 1997, *Tutte le opere*, a cura di E. V. MALTESE, Roma, Newton Compton.

– PLATONE, 2000, *Fedone*, a cura di G. REALE, Milano, Bompiani

– PLATONE, 2006, *Filebo*, a cura di M. MIGLIORI, Milano, Bompiani

– PLATONE, 2011, *Fedone*, a cura di F. TRABATTONI e S. M. TEMPESTA, Torino, Einaudi

– ROSS D., 1989, *Platone e la teoria delle Idee*, trad. di G. GIORGINI, Bologna, Il Mulino

– STENZEL J., 1961,*Platon, der Erzieher*, Hamburg, Meiner, trad. italiana, *Platone educatore*, a cura di F. GABRIELI, Bari, Laterza, 1966

– STENZEL J., 1966, *Kleine Schriften zur griechischen Philosophie*, Bad Homburg vor der Hole, H. GENTNER.

BIBLIOGRAFIA GENERALE

– ABBAGNANO N., 1981, *L'uomo progetto 2000 – dialogo con Giuseppe Grieco*, Roma, Dino Editori

– ABBAGNANO N. 1993 *La saggezza della filosofia*, Milano, Rusconi

– ARENDT H., 2004, *Le origini del totalitarismo*, trad. di A. GUADAGNIN, Torino, Einaudi

– ARENDT H., 2010, *Vita activa*, a cura di P. BATTISTA, Milano, RCS

– ARENDT H., *La banalità del male – Eichmann a Gerusalemme*, trad. di P. BERNARDINI, Milano, Feltrinelli

– ARGERIO A. (a cura di), 2012, *Totalitarismo e democrazia*, Napoli, Editoriali Scientifica

– ARISTOTELE, 1994, *Opere*, a cura di AA.VV., Bari, Laterza

– ARISTOTELE, 1995, *Fisica*, a cura di L. RUGGIU, Milano, Rusconi

– ARISTOTELE, 1996, *Retorica*, a cura di M. DORATI, Milano, Arnoldo Mondadori Editore

– ARISTOTELE, 2000, *Etica Nicomachea*, trad. di C. MAZZARELLI, Milano, Bompiani

– ARISTOTELE, 2000, *Metafisica*, a cura di G. REALE, Milano, Bompiani

– ARISTOTELE, 2000, *Politica*, trad. di R. LAURENTI, Bari, Laterza

– ARISTOTELE, 2008, *L'anima*, a cura di G. MOVIA, Milano, Bompiani

– ARISTOTELE, 2009, *Le tre Etiche*, a cura di A. FERMANI, Milano, RCS Libri

– BEAUD M., 2004, *Storia del capitalismo – Dal Rinascimento alla new economy*, trad. di G. PICCO, Milano, Oscar Mondadori.

– BERTI E., 1992, '*Scritti di didattica della filosofia – la filosofia e la cultura classica*', http://www.ilgiardinodeipensieri.eu/artdida1/Berti92.htm

– BERTI E., 2007, *In principio era la meraviglia*, Bari, Laterza.

– BERTI E., 2010, *Sumphilosophein – La vita nell'accademia di Platone*, Bari, Laterza

– BOBBIO N., 1996, *De senectute e altri scritti autobiografici*, Torino,

Einaudi

– BOBBIO N., 2009, *Destra e Sinistra- ragioni e significati di una distinzione politica*, Roma, Donzelli Editore

– BOBBIO N., 2010, *Il futuro della democrazia*, Milano, RCS

– BOEZIO S., 2010, *La consolazione della filosofia*, trad. di O. DALLERA, Milano, BUR Rizzoli

– BOGNETTI G., 1991, *Europa in crisi*, Milano, Giuffrè Editore

– BORTOLOTTI A., 1991, *La religione nel pensiero di Platone*, Firenze, Olschki.

– BRECHT B., 1963, *La resistibile ascesa di Arturo Ui*, trad. di M. CARPITELLA, Torino, Einaudi

– BRECHT B., 2005, *I Capolavori*, a cura di H. RIEDIGER, Torino, Einaudi

– BUBER M., 1984, *Das dialogische Prinzip*, Heidelberg, Lambert Schneider

– BUBER M. 2004, *Il principio dialogico ed altri saggi*, a cura di A. POMA, Milano, Edizioni San Paolo

– CANETTI E., 1990, *Massa e potere*, trad. di F. JESI, Milano, Bompiani

– CANFORA L., 2004, *Noi e gli antichi*, Milano, BUR

– CONQUEST R., 2006, *Il Grande Terrore*, trad. di A. VALORI PIPERNO, Milano, BUR

– CONSTANT B., 1962, *Antologia degli scritti politici*, a cura si A. ZANFARINO, Bologna, Il Mulino

– CURI U., 1991, *I limiti della politica*, Milano, Angeli

– CURI U., 1999, *Pensare la guerra: l'Europa e il destino della politica*, Bari, Dedalo

– CURI U., 2013, *Passione*, Milano, Raffaello Cortina Editore

– DERRIDA J., 2007, *La farmacia di Platone*, a cura di S. PETROSINO, Milano, Jaca Book

– DETIENNE M., 2007, *Noi e i greci*, trad. di A. GHILARDOTTI, Milano, R. Cortina

– DETTI T., GALLERANO N., GOZZINI G., GRECO G., 1997, *La società moderna e contemporanea*, Milano, Bruno Mondadori

– DIANO C., 1994, *Forma ed Evento*, Venezia, Marsilio

– Di GIOVANNI P. (a cura di), 1995, *Platone e la dialettica*, Bari, Laterza.

– EBERT F., 1994, *Ansprache an die Heimkehrenden Truppen, 10*

dicembre 1918, in *Politische Reden*, vol. III: 1914 – 1915, a cura di
P. WENDE, Frankfurt am Main, Deutsche Klassiken

– EINSTEIN A., 2004, *Pensieri, idee, opinioni*, trad. di L. ANGELINI,
Roma, Newton & Compton Editore

– EINSTEIN A., 2010, *Il mondo come io lo vedo*, trad. di W. MAURO,
Milano, RCS

– EPICURO, 2004, *Lettere sulla fisica, sul cielo e sulla felicità*, trad. di
N. RUSSELLO, Milano, Fabbri Editori.

– ERACLITO, 1998, *I frammenti e le testimonianze*, trad. di C.
DIANO, Milano, Arnoldo Mondadori Editore

– ERACLITO, 2012, *Testimonianze, imitazioni e frammenti*, a cura di
M. MARCOVICH, R. MONDOLFO e L. TARAN, Milano,
Bompiani

– ESCHILO, 1994, *Tutte le tragedie*, a cura di AA. VV., Roma,
Newton & Compton

– EURIPIDE, 1994, *Tutte le tragedie*, a cura di F. M. PONTANI,
Roma, Newton & Compton

– FEST J.C., 2005, *Hitler. Una biografia*, Trad. di F. SABA SARDI,
Torino, Garzanti Libri

– FINLEY M. I., 1992, *La democrazia degli antichi e dei moderni*, trad.
di G. Di BENEDETTO e di F. DE MARTINO, Bari, Laterza

– FINK E., 1970, *Metaphysik der Erziehung im Weltvarstandnis von
Plato und Aristoteles*, Frankfurt am Main, Klostermann

– FRIEDLAENDER PAUL P., 1979, *Platone – Eidos – Paideia –
Dialogos*, trad. di D. FAUCCI, Firenze, La Nuova Italia

– FROMM E. 1985, *Anatomia della distruttività umana*, trad. di S.
STEFANI, Milano, Oscar Mondadori

– GADAMER H. G., 1977, *Philosophische Lehrjahre – Eine Ruecksan*,
Frankfurt am Main, Klostermann trad. italiana in *Maestri e
Compagni nel cammino del pensiero*, di G. MORETTO, Brescia,
Quiriniana, 1989

– GADAMER H.G., 1968, *Platos dialektische Ethik und andere
Studien zurplatonischen Philosophie*, Hamburg, F. Meiner, trad. ital.
Studi platonici, di G. MORETTO, Casale Monferrato, Marietti,
1998.

– GADAMER H. G., 1985, *Verità e Metodo*, trad. di G. Vattimo,
Milano, Bompiani

– GAISER K., 1992, *La metafisica della storia in Platone*, a cura di G.

REALE, Milano, Vita e Pensiero

– GAUSS H., 1960, *Philosophischer Handkommentar zu den Dialogen Platos*, III/1, Bern, Verlag Herbert Lang & Cie.

– GIANNANTONI G., 1999, *I presocratici*, Bari, Laterza.

– GOBETTI P., 1998, *La rivoluzione liberale – Saggio sullo lotta politica in Italia*, a cura di E. SBARDELLA, Roma, Newton Compton.

– GRASS GUENTER, 1959, *Die Blechtrommel*, Neuwied Am Rhein, H. LUCHTERHAND, trad. italiana: *Il tamburo di latta*, di L. SECCI e V. RUBERL, Roma, La Biblioteca di Repubblica, 2003

– HEGEL G.W. F., 1974, *Fenomenologia dello spirito*, trad. di E. DE NEGRI, Firenze, La Nuova Italia

– HEGEL G.W. F., 1981, *Lezioni sulla storia della filosofia*, trad. di E. CODIGNOLA e G. SANNA, Firenze, La Nuova Italia

– HEGEL G.W. F., 2000, *Lineamenti di filosofia del diritto*, a cura di G. MARINI, Bari, Laterza

– HOBSBAWM E. J., 2000, *Il secolo breve*, trad. di B. LOTTI, Milano, Rizzoli

– HUMBOLDT W., 1904, *Gesammelte Schriften*, Berlin, Ed. dell'Accademia di Berlino

– ISNARDI PARENTE M., 1989, *L'eredità di Platone nell'accademia antica*, Milano, Guerini.

– LOSURDO D. e VIROLI M. (a cura di), 1997, *Ascesa e declino delle repubbliche*, Urbino, Quattro Venti

– JAEGER W., 1936, *Paideia. Die Formung der griechischen Menschen*, Berlin, Leipzig, W. DE GRUYTER, trad. italiana, *Paideia. La formazione dell'uomo greco* di A. SETTI, Firenze, La Nuova Italia, 1988

– JAEGER W., 1982, *La teologia dei primi pensatori greci*, trad. di E. POCAR, Firenze, La Nuova Italia

– JASPERS K., 1973, *I grandi filosofi*, trad. di F. COSTA, Milano, Longanesi

– KAMP A., 1985, *Die politische Philosophie des Aristoteles und ihre metaphysischen Grundlagen*, K.A. FREIBURG, Muenchen.

– KANT I., 2010, *Per la pace perpetua*, a cura di L. TUNDO FERRANTE, Milano, RCS

– KANT I., 2006, *Critica della ragion pratica ed altri scritti morali*, a cura di P. CHIODI, Torino, UTET

– KELSEN H.,1929, *Vom wesen und wert der Demokratie*, Tuebingen, C. B. Mohr

– KRAEMER H., 1996, *Dialettica e definizione del Bene in Platone*, a cura di G. REALE e di G. PEROLI, Milano, Vita e Pensiero.

– KRAEMER H., 2001, *Platone e i fondamenti della metafisica*, a cura di G. REALE, Milano, Vita e Pensiero

– LAERZIO D., 1993, *Vite dei filosofi*, a cura di M. GIGANTE, Bari, Laterza

– LANGBEHN, J., 1928, *Rembrandt als Erzieher, vom einem Deutschen*, Weimar, Dunken

– LEED E. J., 2007, *Terra di nessuno – Esperienza bellica e identità personale nella prima guerra mondiale*, trad. di R. FALCIONI, Bologna, Il Mulino

– LIDDEL H.G. e SCOTT R., 1996, *Greek-English Lexicon*, Oxford, Clarendon press

– LUSSU E., 2005, *Un anno sull'Altipiano*, Torino, Einaudi

– LUTOSLAWSKI, 1897, *The origin and growth of Plato's logic*, London, Langmans Green

– MANN T., 1997, *Considerazioni di un impolitico*, a cura di M. MARIANELLI e M. INGENMEY, Milano Adelphi

– MATHIEU V. (a cura di), 1975, *Questioni di storiografia filosofica*, Brescia, Editrice La Scuola.

– MCINERNY R., 1996, *Aquinas and Analogy*, Washington, The Catholic University of American Press,

– MIGLIORI M., 1993, *L'uomo fra piacere, intelligenza e bene*, Milano, Vita e Pensiero

– MILL J. S., 2000, *Sulla libertà*, a cura di G. MOLLICA, Milano, Bompiani

– MONTONERI L., 1968, *Il problema del male nella filosofia di Platone*, Padova, Cedam

– MOSSÈ C. e GOURBEILLON A., 1997, *Storia dei greci*, a cura di C. AMPOLO, Roma, NIS

– MUSTI D., 2006, *Storia greca*, Bari, Laterza

– NATORP P., 1994, *Platos Ideenlehre, Eine Eifuehrung in den Idealismus*, Hamburg, Meiner

– NATORP P., 1999, *Dottrina platonica delle Idee*, a cura di G. REALE e V. CICERO, Milano, Vita e Pensiero.

– NATORP P. 1999, Logos, *psyche, eros: metacritica alla dottrina*

platonica delle Idee, a cura di G. REALE e V. CICERO, Milano, Vita
e Pensiero

– NEGRI A. (a cura di), 1991, *Novecento filosofico e scientifico*,
Milano, Marzorati Editore

– NOLTE E., 2006, *La Repubblica di Weimar – un'instabile
democrazia tra Lenin e Hitler*, trad. di F. CAPPELLOTTI, Milano,
Christian Marinotti

– OMERO, 1989, *Odissea*, a cura di R. CALZECCHI ONESTI e F.
CODINO, Torino, Einaudi

– OMERO, 1997, *Iliade*, a cura di G. PADUANO e di M. S.
MIRTO, Torino, Einaudi

– ORDINE N., 2013, *L'utilità dell'inutile*, Milano, Bompiani

– ORWELL G., 1989, *1984*, trad. di G. Baldini, Milano,
Mondadori

– ORWELL G., 1990, *Nineteen eighty-four*, Oxford, Heinemann

– ORWELL G., 1995, *La fattoria degli animali*, trad. di B. TASSO,
Milano, Mondadori

– ORWELL G., 2010, *Nel ventre della balena ed altri saggi*, a cura di
S. PEROSA, Milano, RCS

– PACI E. 1988, *Il significato del Parmenide nella filosofia di Platone*,
Milano, Bompiani

– PARMENIDE, 1999, *Poema sulla natura*, a cura di G. CERRI,
Milano, BUR

– PECORA G. (a cura di), 1997, *La libertà dei moderni – antologia del
'900*, Milano, Dunod

– PEUKERT D. J. K., 1996, *La Repubblica di Weimar*, trad. di E.
GRILLO, Torino, Boringhieri

– PITAGORA, 2005, *Versi aurei*, trad. e cura di V. GUARRACINO,
Milano, Medusa

– PITAGORA, 2009, *I Versi aurei, i simboli, le lettere*, a cura di G.
PESENTI, Lanciano, Carabba

– PLATONE, 1900, *Platonis Opera*, a cura di J. BURNET per la
collana «Oxford Classical Texts», Clarendon, Oxford

– PLATONE, 1932, *Repubblica*, trad. di G. Fraccaroli, Firenze, La
Nuova Italia

– PLATONE, 1970, *Dialoghi Politici e lettere*, a cura di F. ADORNO,
Torino, UTET

– PLATONE, 1992, *Dialoghi Politici e lettere*, a cura di F. ADORNO,

Torino, UTET

– PLATONE, 1993, *Apologia di Socrate*, a cura di SASSI M.M., Milano, BUR

– PLATONE, 1994, *Parmenide*, a cura di M. MIGLIORI, Milano, Rusconi

– PLATONE, 1994, *Repubblica*, a cura di F. SARTORI e M. VEGETTI, Bari, Laterza

– PLATONE, 1994, *Simposio*, trad. di C. DIANO, Venezia, Marsilio

– PLATONE, 1997, *Il Politico*, a cura di P. ACCATTINO, Bari, Laterza

– PLATONE, 1997, *Timeo*, a cura di G. REALE, Milano, Rusconi.

– PLATONE, 1997, *Tutte le opere*, a cura di E. V. MALTESE, Roma, Newton Compton.

– PLATONE, 2000, *Fedone*, a cura di G. REALE, Milano, Bompiani

– PLATONE, 2000, *Simposio*, trad. di F. FERRARI, Milano, Rizzoli

– PLATONE, 2000, *Timeo*, a cura di G. REALE, Milano, Bompiani

– PLATONE, 2000, *Tutti gli scritti*, a cura di G. REALE, Milano, Bompiani

– PLATONE, 2001, *Fedro*, a cura di G. REALE, Milano, Fondazione Valla.

– PLATONE, 2001, *Simposio*, a cura di G. REALE, Milano, Fondazione Lorenzo Valla

– PLATONE, 2005, *Repubblica* – libro VI, a cura di M. VEGETTI, Napoli, Bibliopolis

– PLATONE, 2006, *Filebo*, a cura di M. MIGLIORI, Milano, Bompiani

– PLATONE, 2011, *Fedone*, a cura di F. TRABATTONI e S. M. TEMPESTA, Torino, Einaudi

– PONZI M. (a cura di), 2008, *Spazi di transizione – Il classico moderno (1888 -1933)*, Milano, Mimesis Edizioni.

– POPPER K, R., 1996, *La società aperta e i suoi nemici*, a cura di D. ANTISERI, Roma, Armando

– PROCLO, 2004, *Commento alla Repubblica di Platone*, a cura di M. ABBATE, Milano, Bompiani

– REALE G., 1991, *Ruolo delle dottrine non scritte di Platone attorno al Bene nella Repubblica e nel Filebo*, Napoli, Benincasa

– REALE G., 2003, *Per una nuova interpretazione di Platone*, Milano, Vita e Pensiero.

– REMARQUE E. M., 1928, *Im Western nicht Neues*, Berlin, Propylaen Verlag.

– REMARQUE E. M., 2012, *Niente di nuovo sul fronte occidentale*, trad. di S. JACINI, Milano, Mondadori

– ROMANI R., 1986, *Forma e Frammento*, Fiesole, Cadmo

– ROMANI R., 1998, *Theoretikà* – libro III, Fiesole, Cadmo

– ROMANI R., 2005, *Skia, phantasma e logos nei libri sesto e settimo della Repubblica di Platone*, in *Ai limiti dell'immagine* (a cura di CLEMENS-CARL HAERLE), Macerata, Quodlibet

– ROMANI R., 2005, *Theoretikà* – libro V, Fiesole, Cadmo

– ROMANI R., 2009, *Eidenai o Della contemplazione filosofica*, Milano, Bruno Mondadori

– ROMANI R. (a cura di), 2009, *Il maestro utopico – scritti in onore e in memoria di Pietro Maria Toesca*, Reggio Emilia, Diabasis

– ROMANI R., 2013, *Libertà e Filosofia*, Milano, Mimesis

– ROSEN S., 2005, *Plato's Republic*, New Haven, Yale University press, 2005

– ROSS D., 1989, *Platone e la teoria delle Idee*, trad. di G. GIORGINI, Bologna, Il Mulino

– ROSSELLI C., 2011, *Socialismo liberale*, Milano, RCS

– ROSSI P., 1991, *Storia e storicismo nella filosofia contemporanea*, Milano, A. Mondadori

– ROUSSEAU J.J., 2008, *Emilio*, a cura di A. VISALBERGHI, Bari, Laterza

– RUGGIU L. (a cura di), 1998, *Filosofia del tempo*, Milano, Bruno Mondadori

– RUSSELL B., 2011, *Autorità e individuo*, trad. di C. PELLIZZI, Milano, RCS

– SAITTA A., 1974, *La civiltà contemporanea – Antologia di critica storica*, Bari, Laterza

– SENECA L. A., 2013, *L'arte di essere felici*, a cura di M. SCAFFIDI ABATE, Roma, Newton Compton Editori.

– SENOFONTE, 2004, *Memorabili*, a cura di A. SANTONI, Milano, RCS

– SERENY G., 2002, *In quelle tenebre*, trad. di A. BIANCHI, Milano, Adelphi.

– SEVERINO E., 1995, *Essenza del Nichilismo*, Milano, Adelphi

– SOFOCLE, 1989, *Le tragedie*, a cura di G. PADUANO, Firenze, Sansoni Editore

– SHULZE H., 2004, *La Repubblica di Weimar*, trad. di A. ROVERI, Bologna, Il Mulino

– SPINOZA B., 2007, *Etica*, a cura di G. GENTILE, Milano, Bompiani

– STENZEL J., 1961, *Platon, der Erzieher*, Hamburg, Meiner, trad. italiana, *Platone educatore*, a cura di F. GABRIELI, Bari, Laterza, 1966

– STENZEL J., 1966, *Kleine Schriften zur griechischen Philosophie*, Bad Homburg vor der Hole, H. Gentner

– STRACHAN H. 2009, *La Prima Guerra Mondiale – una storia illustrate*, trad., di L. A. DALLA FONTANA, Milano, Oscar Mondadori.

– SZLEZÁK T. A, 2003, *Die Idee des Guten in Platons Politeia: beobachtungen zu den mittleren Buechern*, Sankt Augustin, Academia

– SZLEZÁK T. A., 2003, *La Repubblica di Platone*, a cura di M. MIGLIORI, Brescia, Marcelliana

– TAYLOR A.J., 1999, *Storia della seconda guerra mondiale*, trad. di G. CECCARELLI, Bologna, Il Mulino

– THOREAU H.D., 2010, *La disobbedienza civile*, a cura di P. SANAVIO, Milano, RCS

– TOESCA P. M, 1986, *Platone pensatore negativo: analisi della scrittura ironica della "Repubblica",* San Gimignano, Cooperativa Nuovi Quaderni

– TOTH I., 1998, *Aristotele e i fondamenti della geometria*, trad. di E. CATTANEI, Milano, Vita e Pensiero.

– TOTH I., 2007, *La filosofia e il suo luogo nello spazio della spiritualità occidentale*, a cura di R. ROMANI, Torino, Boringhieri.

– TROELTSH E., 2008, *Der Historismus und seine Probleme*, Tuebingen, Walter de Gruyter Verlag, Berlin

– TUCIDIDE, 1997, *La guerra del Peloponneso*, trad. di P. SGROI, Roma, Newton Compton

– UHLMAN F., 1987, *Niente resurrezioni, per favore*, trad. di E. BONA, Parma, Ugo Guanda Editore.

– UHLMAN F. 1996, *Storia di un uomo*, trad. di L. TREVISAN, Milano, Feltrinelli Editore.

– VOEGELIN E., 1986, *Ordine e Storia – La Filosofia politica in Platone*, a cura di N. MATTEUCCI, Bologna, Il Mulino

– WEIL S., 2011, *Riflessioni sulle cause della libertà e dell'oppressione sociale*, a cura di G. GAETA, Milano, RCS

– WEITZ, E. D., 2007, *La Germania di Weimar – Utopia e tragedia*, trad. di P. ARLORIO, Torino, Einaudi

– WELLS H.G., 2008, *Nel paese dei ciechi*, trad. di F. SALVATORELLI, Milano, Adelphi

– WILAMOWITZ, 1962, *Platon*, Berlin, Weidmannsche Verlagsbuchhandlung.

– WINKLER H. A., 1998, *La Repubblica di Weimar 1918-1933 – Storia della prima democrazia tedesca*, trad. di M. SAMPAOLO, Roma, Donzelli Editore

– WIRSCHUNG A. 2008, *Die weimarer Republik – Politik und Gesellschaft,* Muenchen, Oldenburg

– ZADRO A., 1987, *Platone nel Novecento*, Bari, Laterza.

INDICE

www.ingramcontent.com/pod-product-compliance
Lightning Source LLC
Chambersburg PA
CBHW052105090426
42741CB00009B/1678